KISDedition

KISDedition ist ein Verlag der Köln International School of Design
(KISD) der Fachhochschule Köln. Die KISD zeichnet sich durch
ein integratives Designverständnis und hohe Internationalität aus.
Curriculare Spezifika sind projektorientierte Lehre, semesterüber-
greifende Projekte und Seminare sowie das Ineinander von wissen-
schaftlicher, konzeptueller und praktischer Arbeit. Bei KISDedition
erscheinen Texte, die sowohl einen Eindruck von den vielfältigen
Facetten dieses ganzheitlichen Designstudiengangs vermitteln
als auch die unterschiedlichen Lehr- und Forschungsformen zur Gel-
tung kommen lassen. Das Verlagsprogramm umfasst ausgewählte
Abschlussarbeiten, Projekt- und Forschungsberichte sowie themati-
sche Sammelbände, geschrieben und gestaltet von Lehrenden,
Studierenden und internationalen Partnern der KISD.

Begreifen

Eine technikphilosophische Perspektive auf die Gestaltung von Schnittstellen

Pia-Marie Stute

© 2021 KISDedition
Köln International School of Design (KISD)
Technische Hochschule Köln
Gustav-Heinemann-Ufer 54, 50968 Köln
kisd.de/edition

Design: Anja Lindemann, Chandra Sperle und
Juan Hollenstein

Bibliografische Information der Deutschen
Nationalbibliothek:
Die Deutsche Nationalbibliothek verzeichnet
diese Publikation in der Deutschen National-
bibliografie; detaillierte bibliografische Daten
sind im Internet über http://dnb.d-nb.de abrufbar.

ISBN: 978-3-347-32606-4
tredition GmbH, Halenreie 40-44, 22359 Hamburg

Über die Autorin

Pia-Marie Stute arbeitet als Designerin im Spannungsfeld zwischen dem Physischen und Digitalen. Ihre Projekte fordern die Beziehung zwischen Mensch und Maschine heraus und bearbeiten die Frage nach den (Un-)Möglichkeiten von Technologien und deren Einfluss auf gesellschaftliche Zusammenhänge. Sie studierte Integrated Design in Köln sowie Industriedesign in Stockholm und Paris. Von 2015 bis 2020 war sie Stipendiatin der Kunst-und Designförderung der Studienstiftung des deutschen Volkes. Ihre Projekte wurden international ausgestellt und mehrfach ausgezeichnet. Derzeit arbeitet sie als Interaktionsdesignerin in den Bereichen Automotive und Public Transportation in Köln.

In der heutigen Informationsgesellschaft ist der Alltag des Menschen untrennbar mit Technologien verknüpft. Vor Jahrzehnten ursprünglich einmal als Arbeitsgerät entwickelt, definiert der Computer heute, in unserer von immateriellen Datenströmen durchwobenen Welt, längst nicht mehr nur das Arbeiten. Stattdessen hilft er uns dabei, unserem Leben nachzugehen. Inmitten des Internets der Dinge verstecken sich heute IT-Systeme in ehemals analogen Alltagsgegenständen, die nun die Rolle autonom agierender Assistenten angenommen haben – und unsere tatsächlichen Interaktionen mit Technik dabei so gut es geht in den Hintergrund drängen.

Die Forderung nach einer »Begreifbarkeit« von Technologien wirft ein neues Licht auf die klassischen Normen in der Mensch-Maschine-Interaktion und gibt Ausblick darauf, welche Qualitäten sich darüber hinaus aus der Gestaltungsaufgabe der Vermittlung zwischen den beiden entwickeln können. Wo steht der Mensch zwischen den beiden Welten der fluiden Bits und rigiden Atome? Auf der Suche nach Antworten wendet sich dieses Buch an die Technikphilosophie und deckt neue Gestaltungsparameter auf, die insbesondere die Bedeutung der Körperlichkeit und die Rolle der materiellen Gegenständlichkeit für Gegenwart und Zukunft des Interaktionsdesigns beleuchten.

Inhalt

Einleitung

Hello World

In der heutigen Informationsgesellschaft ist der Alltag des
Menschen untrennbar mit Technologien verknüpft. Vor Jahrzehnten ursprünglich einmal als Arbeitsgerät entwickelt, definiert der Computer heute, in unserer von Informationstechnologien durchwobenen Welt, nicht mehr allein das
Arbeiten – stattdessen ist er dazu avanciert, dem Menschen zu helfen, seinem
Leben nachzugehen.[01] Mittlerweile verstecken sich IT-Systeme in den ehemals
analogen Objekten der materiellen Welt, und schleichend haben
so auch die Dinge des Alltags begonnen, sich durch ihre *Lines of Code*, also die
Anzahl der Zeilen des Quelltextes, aus denen ihr Programm besteht, quantifizieren zu lassen. Tatsächlich finden sich heute nur noch kleine Teile in täglichen Aktivitäten, die nicht auf irgendeine Weise mit Technik[02] verbunden
sind oder durch sie verrichtet werden. Auch wenn es nicht bestritten werden
kann, dass Bits ebenso real sind wie Atome, wurden die technischen Prozesse, die einen signifikanten Part des täglichen Lebens ausmachen, dabei
ungreifbar. Die Beziehung des Menschen zur Technologie baut nicht auf deren
Verständnis auf, sondern vielmehr auf ihrer passiven Akzeptanz. »Der Computer bleibt unsichtbar – physikalisch, kognitiv und emotional«[03], beschreibt den
Status quo vieler der heutigen Interaktionen, die im Sinne des *usability paradigm* insbesondere auf reibungslose Abläufe von Nutzerfreundlich-
keit und Effizienz ausgerichtet sind: »To carry out work within the usability
paradigm is generally quite rewarding. There is a specific technical terminology that everyone shares; a set of trusted techniques, methods [...] and,
perhaps most importantly, a communal sense of what to strive for, supported
by dedicated conferences and journals.«[04] Die Gestaltungsziele hinsichtlich
der Interaktionen zwischen Mensch und Technik scheinen also klar. Doch angesichts der weiterhin immer näher an uns heranrückenden Technologie stellt
sich die Frage, ob wir uns als Nutzer nicht mehr von Interaktionen
wünschen könnten als reibungslose Effizienz in unserem Leben.

Insbesondere im Hinblick auf die Forderung nach einer »Begreifbarkeit« von Technologien hinterfragt diese Publikation die klassischen
Normen in der Mensch-Maschine-Interaktion und gibt Ausblick darauf, welche
Qualitäten sich darüber hinaus aus der Gestaltungsaufgabe der Vermittlung zwischen den beiden entwickeln können. Weniger aus einer pragmatischen, an der etablierten Praxis angelehnten Perspektive als vielmehr

01 Gaver: Designing For Homo Ludens, Still.
02 Im Rahmen dieser Publikation werden die Begriffe »Technik« und »Technologie« fließend
verwendet.
03 Denzinger: Der Interface-Komplex, S. 52.
04 Fallman: A different way of seeing: Albert Brogmann's philosophy of technology and human-
computer interaction., S.54.

ausgerichtet auf ihre mittelbare Wirkung auf den Menschen werden unsere Interaktionen mit technischen Produkten neu beleuchtet. Allen voran können die Betrachtungsweisen der Technikphilosophie einen Teil zu einem tieferen Verständnis dieser komplexen Beziehung beitragen. »Begreifen« ist der Versuch zu erörtern, inwieweit eine technikphilosophische Perspektive für die Gestaltung von Schnittstellen relevant sein kann und welche neuen Ansätze sich aus der Philosophie ableiten lassen. Fernab von einem Anspruch auf Vollständigkeit nähert sich dieses Buch über das »Erfahren« von Technologien aus philosophischer Sicht schließlich seinem Titel der Begreifbarkeit, der in seiner Doppeldeutigkeit sowohl auf das intellektuelle Verstehen als auch auf das physische Fassen verweist. Kenya Hara beschreibt den Zeitgeist in unserer Informationsgesellschaft diesbezüglich folgendermaßen: »We don't know what to do with our physical bodies, which need massages as much as messages.«[05] Im Fokus dieser Publikation soll also die Bedeutung von Körperlichkeit für die Beziehung zwischen Mensch und Technik stehen.

Vorgehensweise

Ausgangspunkt der hier gesammelten Überlegungen ist die Auseinandersetzung mit dem Knopfdruck als klassisches Sinnbild der Schnittstelle zwischen Mensch und Maschine. Denn mit seiner Einführung in der Elektrisierung begründete der Knopfdruck eine neue Ära der Technikphilosophie erst mit. Anhand der allmählichen Weiterentwicklungen der technischen Schnittstelle lässt sich die Geschichte, Gegenwart und potentielle Zukunft elektrischer Geräte verfolgen, die mit ihren Veränderungen jeweils erhebliche Auswirkungen auf das Leben der Menschen hatten und bis heute haben. Während zunächst die Elektrisierung, dann die Digitalisierung und damit einhergehend auch die Miniaturisierung unser Verhältnis zu Technik mitbestimmten, sind wir heute schon im nächsten Zeitalter, der Vernetzung, angekommen. Die sich jeweils sich ergebenden Veränderungen in der Beziehung zwischen Mensch und dem technischen Artefakt stehen im Fokus des ersten Teils (»Bedienen«). Ebenso illustriert diese Entwicklungsgeschichte erste wichtige Ansätze von Denkern wie dem Philosophen Albert Borgmann, dem Designtheoretiker Donald Norman und dem Anthropologen Bruno Latour, die allesamt ein neues Licht auf unsere Beziehung zu Technologien werfen.

05   Hara: Designing Design, S. 144.

Aufbauend auf dem Verständnis um jene Beziehung kann sich anschließend auch der Gestaltung dieser Beziehung zugewandt werden. Sie wird durch die Disziplin des Interaktionsdesigns gleichzeitig sowohl ermöglicht als auch vorgeschrieben. Analog zu der langjährigen Entwicklungsgeschichte von Technologien im Alltag wurden auch im Tätigkeitsfeld des Designs eigene Praktiken und Zielsetzungen erarbeitet, um mit den ständig neuen Herausforderungen umzugehen. Dabei lehnte es sich schlüssig an die Erkenntnisse der klassischen Kognitionswissenschaft sowie die allmähliche Formulierung der semiotisch-fundierten Designtheorie an. Diese Grundlagen trugen nicht nur zu bis heute bewährten Interaktionsprinzipien bei, sondern mündeten in einem vorherrschenden Visualismus, der im zweiten Teil (»Sehen«) dargestellt und begründet wird. Ausgehend von der Trennung von Körper und Geist, die René Descartes bereits vor rund 400 Jahren postulierte, über die wachsende Forschung zur menschlichen Wahrnehmung, aus der unter anderem Wehrheimers berühmte Gestaltgesetze hervorgingen, führt dieser Teil bis hin zur Definition der allgegenwärtigen *User Experience*. In unserer heutigen Zeit bildet sie längst ihren eigenen Gestaltungsgegenstand mit entsprechenden Normen und Bestrebungen, die sich jedoch durch neue Ansätze von Interaktionsforschern wie Daniel Fallmann oder Bill Gaver herausfordern lässt.

  All diesen etablierten Gestaltungsgrundlagen stellt der dritte Teil (»Fühlen«) anhand ausgewählter Theorien der jüngeren Technikphilosophie jedoch auch alternative Ansichten gegenüber, die eine neue Betrachtungsweise von Artefakten in der Mensch-Technik-Beziehung vorschlagen. Denn die Theorie der verkörperten Kognition unterstreicht die Bedeutung körperbezogenen Handels und steht damit der klassischen Kognitionsforschung radikal gegenüber. Insbesondere der Diskurs über die Arbeit des Technikphilosophen Andy Clark lässt neben dem Körper auch dem technologischen Artefakt eine neue Rolle für das Bewusstsein zukommen. Ebenfalls lässt sich die Produktsemiotik um eine weitere Dimension ergänzen, die den im Design vorherrschenden Ästhetik-Begriff herausfordern kann. Die post-phänomenologische Perspektive des Philosophen Peter-Paul Verbeek trägt dazu bei, dass insbesondere die materiellen Qualitäten von Artefakten auch für die Gestaltung wieder in den Fokus rücken. Anhand dieser Auseinandersetzung erfahren gegenüber der Optik auch die verbleibenden Sinneswahrnehmungen eine neue Aufmerksamkeit in Bezug auf die Gestaltung von Interaktionen. Somit kann schließlich auch das Potential der haptischen Wahrnehmung, der begreifenden Hand, für die Entwicklung von Schnittstellen beleuchtet werden.

Nicht im Kontrast, sondern komplementär zu den klassischen Grundlagen geht der vierte Teil (»Begreifen«) schließlich gezielt ebenjener Forderung nach einer Begreifbarkeit von Technologien nach. Im Spannungsfeld der begreifbaren Interaktionen erläutert dieser Teil die Zielsetzungen, Einschränkungen, Potentiale und Ansätze in der Entwicklung von sogenannten *Tangible User Interfaces*. Hier endet schließlich auch die theoretische Auseinandersetzung um die vage Frage nach der Begreifbarkeit von Technologien. Denn die Publikation mündet in der Dokumentation eines Designprozesses, in dem die Theorie anhand eines Entwurfes von begreifbaren Interaktionen in die Praxis übertragen wird. Entlang eines handlungsorientierten und dabei betont haptisch motivierten Entwurfsprozesses entstanden so Funktionsprototypen von vier Schnittstellen, durch die körperbezogene Handlung und materielle Eigenschaften in ihrer Funktion als digitaler Akteur untersucht werden.

   Ziel dieser Publikation ist ein Einblick in den aktuellen Diskurs um die Bedeutung von physischer Gegenständlichkeit und körperlicher Wahrnehmung für das Interaktionsdesign. Gegenüber den etablierten Normen der Disziplin soll so ebenfalls ein Ausblick darauf entstehen, wohin sich die Aspirationen der Gestaltung weiterentwickeln können, um zwischen der Rigidität der Atome und Fluidität der Bits zu vermitteln[06].

06   MIT Media Lab: Vision Statement der Tangible Media Group.

01   Bedienen

Die Frage nach der Rolle verschiedenster Technologien im Leben der Menschen hat eine lange Tradition, die mindestens bis ins antike Griechenland zurückreicht. Während viele der frühen Philosophen sich in ihren Werken bereits mit Technik beschäftigten, dauerte es noch bis in die Anfänge des 20. Jahrhunderts, bis von einer modernen Technikphilosophie die Rede sein konnte.[07] Schon mit dem Einzug der Wasser- und Dampfkraft in die Lebenswelt der Menschen und dem damit einhergehenden drastischen Wandel von der Agrar- zur Industriegesellschaft übten Technologien einen großen Einfluss auf den Menschen aus. Doch immerhin wirkten ihre Mechanismen auf eine sehr unmittelbare Weise, ließen sich sehen, hören, riechen, fühlen und somit auch nachverfolgen und erklären. Der Einzug der Elektrisierung änderte das.

Die Psychologin Sabine Jörg schreibt von Elektrizität als Zauberei[08] – und tatsächlich löste man durch elektrische Geräte erstmals Handlungen aus, deren Wirkungsweise sich nicht mehr unmittelbar nachverfolgen ließen. Aufeinander aufbauend entstanden durch die losgestoßenen, technischen Fortschritte nacheinander grundlegende Veränderungen im Leben der Menschen, die noch heute die Interaktionen im Alltag bestimmen. Diese technologischen Veränderungen seit Beginn des vergangenen Jahrhunderts bis zur heutigen Zeit lassen sich in drei grobe Phasen einteilen: Elektrisierung, Digitalisierung und Vernetzung. Den so entstandenen neuen Herausforderungen im Umgang mit Technologien widmet sich dieser erste Teil. Dabei soll nicht nur der Frage nachgegangen werden, wie der Mensch Technologien wahrnimmt, sondern auch, wie Technologien die menschliche Wahrnehmungen ihrer Umwelt verändern.

Das daraus entstehende Verständnis der Beziehung von Mensch und Technik dient als Grundlage für die sich in den folgenden Teilen anschließende Auseinandersetzung mit der Gestaltung dieser Beziehung. Neben geschichtlichen und technischen Hintergründen werden in den kommenden Kapiteln auch erste philosophische Grundlagen zu einer differenzierten Technikbetrachtung dargestellt.

Mit dem Phänomen der Elektrisierung ging erstmals ein Kausalitätsverlust von Handlungen und Aktionen einher. Der Frage nachgehend, ob es sich dabei ebenfalls um einen Sinnesverlust handelt, beleuchtet das erste Kapitel auch das durch Technologien veränderte Empfinden der Menschen. Die Philosophie von Albert Borgmann legt diesbezüglich die Differenz zwischen Handlung und Bedienung dar und schafft darüber hinaus ein Verständnis von technischen Innovationen, das eine neue

07   Fallman: A Different Way of Seeing, S. 55.
08   Jörg: Per Knopfdruck durch die Kindheit, S. 23.

Klassifizierung ihrer Nützlichkeit anregt. Doch mit der Elektrisierung begann
die Entwicklungsgeschichte der Mensch-Maschine-Interaktionen erst.
Die anschließend durch die Mikroelektronik voranschreitende Miniaturisierung
ermöglichte schnell die Digitalisierung – und damit den Wandel zu
unserer heutigen Informationsgesellschaft. Die physische Welt stand erstmals
in Konkurrenz zu neuen Datenräumen, die sich losgelöst von stofflicher
Materie entfalten konnten. Welche Bedeutung dabei der materiellen Welt noch
zufällt, untersucht das zweite Kapitel. Schließlich eröffneten sich dem
Menschen mit der Digitalisierung eine Vielzahl virtueller Aktionen, die wiederum die Gestalter vor die Herausforderung stellten, diese Differenz zu
vermitteln. Mit dem voranschreitenden technologischen Fortschritt entwickelte sich der Computer bis heute jedoch so weit, dass er nun nicht mehr
lediglich auf dem Schreibtisch Platz findet, sondern sich auch in den Dingen
des Alltags versteckt. Den sich daraus ergebenden neuen Qualitäten in
der wechselseitigen Beziehung zwischen dem Menschen und den (nunmehr
unsichtbaren) Technologien geht das dritte Kapitel nach. Vor dem
Hintergrund eigenständig agierender Artefakte erklärt abschließend die
Actor–Network Theory von Bruno Latour das Konzept der technischen
Mediation. Ihre symmetrische Betrachtung von dinglichen wie menschlichen
Akteuren rückt die Bedeutung von Technologien und deren materialisierte
Formen für das Erleben des Menschen in ein neues Licht.

01.1 Die Elektrisierung und der Unterschied von Handeln
und Bedienen
Der Knopf in seiner Funktion als klassische Schnittstelle ist ein
Phänomen der Elektrisierung. Mit seiner Einführung stand er für eine
neue Beziehung zwischen Mensch und Technik – und beschränkte eben diese
Beziehung zwischen Nutzer und Objekt gleichermaßen. Die Elektrizität
brachte Veränderungen mit sich, die alle Lebensbereiche berührten; neben
Industrie und Ökonomie prägten sie die Gesellschaft und nahmen
selbst Einfluss auf das private Denken und Empfinden des Menschen. Denn
die Elektrisierung des Alltags bedeutete auch einen Wandel der Wertig-
keiten im häuslichen Leben: Was gestern noch durch körperlich anstrengende
Arbeit geprägt war, konnte plötzlich von neuen elektrischen Geräten
übernommen werden, die alle Aufgaben auf den Druck eines Knopfes hin
erledigten.

Die Elektrisierung des Alltags

Solche durch die Elektrisierung bedingten radikalen Veränderungen im Empfinden der Menschen lassen sich anhand der Einführung der Waschmaschine illustrieren. Bereits ab 1910 wurde die Waschmaschine durch die Entwicklung kleinerer Motoren generell verfügbar, auch wenn es mancherorts noch bis in die 1960er-Jahre dauerte, bis die Moderne und ihre postulierten infrastrukturellen Ansprüche schließlich auch das ländliche Leben erreichten.[09] Bis dahin hatte der manuelle Waschvorgang mithilfe von Holzwannen, feuergeheizten Kesseln, dem Waschbrett und mechanischem Wringen noch zahlreiche Arbeitsschritte gefordert. Die »Große Wäsche« war ein *Happening*. Sie dauerte gleich mehrere Tage an, bedeutete körperlichen Kraftaufwand und direkten Kontakt mit Schmutz, Wasser sowie Chemikalien und nahm dabei, vom Keller bis zum Dachboden, gleich mehrere Räume im und um das Haus herum ein.[10] Der Einzug der Waschmaschine reduzierte diesen Zeit-, Raum- und Kraftaufwand plötzlich radikal. Während die beschriebenen Waschtage zuvor ein bis zwei Mal im Monat mühevoll durchlaufen werden mussten, stellte die Waschmaschine einen derartigen Komfort bei so geringer Arbeit dar, dass manche Kleidungsstücke bald schon nach einmaligem Tragen gewaschen wurden. Damit hatte der mehrmals wöchentlich laufende Apparat, die Waschmaschine als ein Beispiel von vielen weiteren elektrischen Geräten, Auswirkungen auf das Leben der Menschen, die über seine eigentliche Funktion hinausreichten: Die elektrische Waschmaschine veränderte die Perzeption von Hygiene ebenso wie die von Zeit und Raum.

Folglich manifestierten sich die durch die Elektrisierung angestoßenen, unterschwelligen Veränderungen im Leben bald auch in der Architektur und ihren Wohnreformen nach dem Ersten Weltkrieg. »Der allmähliche Einzug von Kühlschrank, Elektroherd und Waschmaschine in den Haushalt markiert einen grundlegenden Wandel im Verständnis der Küche, [...] in der die Hausarbeit nach Gesichtspunkten der wissenschaftlichen Betriebsführung ablaufen sollte.«[11] Und so avancierte beispielsweise die moderne Küche mit ihren zahlreichen elektrischen Geräten vom ehemals herzlichen Lebensmittelpunkt zu einer gefühlten Fabrik im Haushalt.

09   Andritzky: Haushalt. Staubsauger, Toaster, elektrische Heizgeräte, S. 190.
10   Jörg: Per Knopfdruck durch die Kindheit, S. 24 f.
11   Andritzky: Haushalt. Staubsauger, Toaster, elektrische Heizgeräte, S. 190.

Die »Frankfurter Küche« ist das bekannteste Beispiel von zahlreichen
Entwürfen rationaler Kleinküchen. Sie stellte die effizienten, neu optimierten
Arbeitsabläufe in den Vordergrund, die nun in vielen Bereichen des
Lebens den Zeitgeist prägten. Der Alltag und die physische Umgebung der
neuen Nutzer passten sich bereitwillig der Elektronik an.

   Die Zeitersparnis und der immanente Komfort der Automatisierung
bestimmten den modernen Alltag – was sich bald auch in der Öffentlich-
keit niederschlug. Indem die neuen elektrischen Produkte beworben wurden,
definierte sich auch die Rolle der Frau in den Medien neu. Als Loslösung
von der Bindung an den Haushalt wurden die modernen Haushaltsgeräte als
»befreiend« angepriesen und standen damit augenscheinlich für eine
neue Form der gesellschaftlichen, beruflichen sowie politischen Teilhabe der
Frau. Gleichzeitig bedeutete die Elektrisierung der bürgerlichen Haushalte
aber die Ablösung des Hauspersonals durch elektrische Geräte, was
Frauen gesellschaftlich aus der Rolle der »Hausherrin« oder »Wirtschaftsleite-
rin« ablöste, sie in diesem Sinne also eher enger an den Haushalt band
und somit in den Medien das Bild der »Hausfrau« erst schuf.[12] Elektrizität im
Alltag setzte also Veränderungen in Gang, die in vielen Bereichen das
Leben der Menschen neu strukturierten.

   Schnell wurde der Komfort der Elektrisierung als etwas Alltägliches
angesehen, und elektrische Geräte waren untrennbar mit beinahe allen
Lebensbereichen verknüpft. Persönliche Interaktionen fanden über das Telefon
statt, Reisen wurden in Autos, Bahnen oder Flugzeugen unternommen,
das Essen wurde vom Kühlschrank, dem Ofen und der Mikrowelle bestimmt,
unterhalten wurde man von Radio und später dem Fernseher und
medizinische Geräte beeinflussten die persönliche Gesundheit, selbst das
Geborenwerden, das Leben und das Sterben.[13] »Auf Knopfdruck bedienen uns Maschinen, auf Knopfdruck bedienen wir Maschinen«[14], schreibt die
Psychologin Sabine Jörg 1987 in Bezug auf die Entwicklung von Kindern
in der schon damals nicht mehr hinterfragten elektrisierten Welt – und spricht
damit von der Bedienung als eine die Handlung verdrängende Prämisse.

12   Ebd.
13   Verbeek: What Things Do, S. 1.
14   Jörg: Per Knopfdruck durch die Kindheit, S. 28.

Abb. 01 Werbeanzeige einer elektrischer Waschmaschine von
Hoover aus dem Jahr 1950

Abb. 02 Die Frankfurter Küche nach einem Entwurf von
Margarete Schütte-Lihotzky von 1926

Un- und Hyper-Sinnlichkeit

Tatsächlich nahm die Elektrisierung den Menschen neben dem offensichtlichen Aufwand in Anstrengung, Zeit und Raum auch die sinnliche Erfahrung der Arbeit oder Aktion ab und abstrahierte sie. Zwar verfügt der Knopfdruck als haptisches Erlebnis über eine Sinnlichkeit, die in der heutigen von Touchscreens und Voice Interfaces bevölkerten Welt fast schon romantisiert wird. Doch »[z]wischen der Handlung ›Knopfdruck‹ und dem Effekt, den diese Handlung hat, gibt es keine inhaltliche Verknüpfung. Der Knopfdruck ist bedeutungsneutral, das Tun auf ein sinnliches Minimum reduziert. Und die Beziehungen, die Ursache und Wirkung miteinander verbinden, sind nicht nur verwickelt, sondern auch unanschaulich – sind ihrer sinnlichen Qualität beraubt. Die Folgen des Tuns sehen, hören, riechen, fühlen wir bisweilen kaum mehr, wir müssen sie uns vorstellen, wir müssen sie uns denken. Aber unsere Gedanken sind träge und unser Vorstellungsvermögen verschüttet.«[15] Mit dem Einzug elektrischer Geräte in den Haushalt gaben sich die Menschen im Austausch für Komfort unweigerlich einem gewissen Unverständnis hin. Die elektrischen Leitungen, die allen Komfort im Alltag ermöglichten, wurden unter verputzten Wänden versteckt. Die elektrischen Geräte entfremdeten von Arbeitsprozessen und waren selbst auch unerklärlich.

Und sie sind es bis heute. Bei dem Versuch, das Gehäuse eines elektrischen Gerätes zu öffnen, hat es häufig den Anschein, als übertrete man dabei auch die unsichtbaren Grenzen mysteriöser Besitzverhältnisse: »[...] many products are designed with two separate territories: the covering or ›skin‹, which is freely available for users to look at and touch; and the interior, which is only for trained technicians to access.«[16] Damit ist letztlich nicht das gesamte Kaufobjekt seinem Besitzer verfügbar. Tatsächlich kann der durchschnittliche Verbraucher mit dem elektronischen Herzen im Inneren vieler elektrischer Produkte kaum etwas anfangen, geschweige denn in Form einer Reparatur eingreifen. Oft wird der Versuch mit dem Verlust der Garantie bestraft, bei größeren Geräten sogar mit der sehr realen Gefahr, sich zu verletzen. Im Tausch gegen den Komfort der Elektrisierung wird das Unverständnis (wenn auch alternativlos) jedoch gerne in Kauf genommen. »Der Mensch, der Knöpfe drückt, verändert die Welt nicht. Er setzt Vorhandenes in Gang [...]«[17] und gibt seine eigene Verantwortung damit ein Stück weit ab.

15   Ebd., S. 33.
16   Verbeek: What Things Do, S. 226.
17   Jörg: Per Knopfdruck durch die Kindheit, S. 34.

Der Unverständlichkeit der Technologien in seiner Umwelt stellt der
Mensch ein Gedankenkonzept entgegen, dass von Don Norman als *mental
model* beschrieben wird. Mit solchen konzeptuellen Modellen erklärt
sich der Benutzer, basierend auf seiner eigenen Realität, die Funktionsweise
eines Produktes. Dabei kommt der Exaktheit seiner Beobachtungen
übrigens keine allzu große Bedeutung zu. Der Mensch formt mentale Modelle
auf Grundlage seiner Erfahrungen mit der Welt und vor allem durch
Interpretation der einzig offensichtlichen Eigenschaften am Produkt: der sicht-
baren Struktur des Objektes und den dort wahrgenommenen Aktionsmög-
lichkeiten. Hierfür prägte Don Norman den Begriff der Affordanzen.[18] »Mental
models are often constructed from fragmentary evidence, with but
a poor understanding of what is happening, and with a kind of naive psychology that postulates causes, mechanisms, and relationships even where
there are none.«[19] Tatsächlich entsprechen die *mental models* der Funktionen
oft nicht der Realität, und häufig weiß auch der Nutzer selbst um diese
Fehler. Doch solange die Nutzung über diese Gedankenkonzepte funktioniert,
entsteht kein Problem. Als ein von zahlreichen mentalen Modellen
umwobenes Gerät stellt Norman das Heizungsthermostat vor, denn verschiedene Nutzer drehen es mit ganz unterschiedlichen Zielen. Entweder in
dem Glauben, die Laufzeit des Gerätes einzustellen (je weiter das Thermostat
aufgedreht ist, desto länger bleibt es warm), oder aber mit der Über-
zeugung, die Menge der freigesetzten Hitze zu bestimmen (je höher die
Einstellung, desto schneller wird es warm), oder schließlich mit dem
Ziel, die Temperatur im Raum auf einer Skala von eins bis fünf festzulegen.
Zwar entspricht nur letzteres Modell der tatsächlichen Funktion des
Gerätes (nach dem Erreichen der gewünschten Temperaturstufe schließt das
Ventil, bei dem es nur ein »auf« oder »zu« ohne Zwischenschritte gibt),
trotzdem erfüllt jedes der genannten mentalen Modelle den Zweck, den
Nutzern das Nutzen zu ermöglichen.[20]
      Solche verschiedenen mentalen Modelle, die durch ein Nichtver-
stehen der Technologie bedingt sind, führen gelegentlich auch zu unter-
haltsamem Aberglauben. Denn wenn ein Ereignis gleich nach einer anderen
Aktion geschieht, so liegt der Schluss nahe, dass es auch durch diese
Aktion ausgelöst wurde. Normans Bücher stecken voll von solchen auf amüsie-
renden Missverständnissen basierenden Beobachtungen: »Touch a computer
terminal just when it fails, and you are apt to believe that you caused
that failure, even though the failure and your action were related only by

18   Norman: Psychology of Everyday Things, S. 12 ff.
19   Ebd., S. 38.
20   Ebd., S. 39.

coincidence.«[21] Derartiger »technologischer Aberglaube« und viele eingeübte, sonderliche Verhaltensweisen gegenüber Technologien sind häufig das Resultat falscher konzeptueller Modelle – und damit eines Kommunikationsproblems zwischen dem Produkt und seinem Nutzer. Sie sind natürliche Reaktionen des Menschen, der kaum noch eine Chance hat, die zahlreichen Technologien um ihn herum gänzlich zu verstehen.

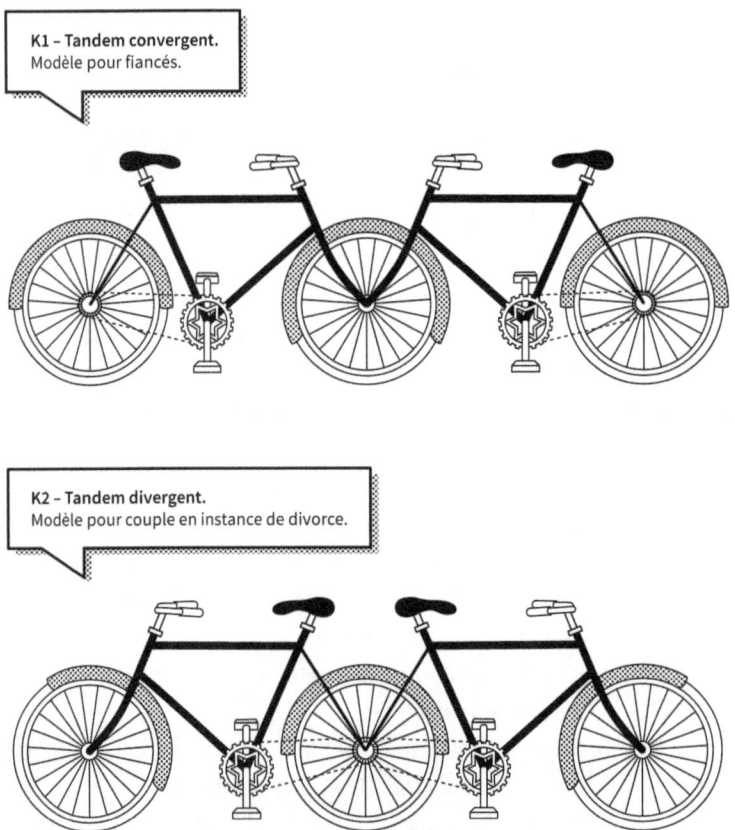

Abb. 03 Illustration nach den Entwürfen unauffindbarer Dinge im »Catalogue d'objets introuvable« des Künstlers Jacques Carelman: Sie lassen die Entstehung von mentalen Modellen am eigenen Leib beobachten. Die sichtbare Beschaffenheit der Objekte gibt basierend auf persönlichen Erfahrungen mit ähnlichen Objekten klare Hinweise zur Bedienung – das sich daraus ergebende mentale Modell ihrer Funktionsweise warnt daraufhin jedoch vor ihrer Unnutzbarkeit.

In Bezug auf die sinnliche Wahrnehmung ist es aber nicht allein das Verantwortung abgebende Bedienen von Geräten oder das mangelnde
Verständnis ihrer Funktionsweise, was unmittelbare Erfahrungen verstellt.
Das selbstverständlich gewordene Verlassen auf Technologie sorgt ebenso für
ein geringeres »Anwenden« der eigenen körperlichen Wahrnehmungskraft.
Ein digitales Thermostat zum Beispiel lässt den Nutzer die aktuelle Temperatur
exakt ablesen – und der Mensch muss sich im Erfahren seiner Umgebung
nicht mehr länger auf sein eigenes Empfinden von Wärme und Kälte
verlassen. Stattdessen vertraut er schlicht der Repräsentation der Welt auf
seinem Thermometer. Anhand dieses Beispiels für eine sogenannte
hermeneutische Beziehung des Menschen zu seiner Umwelt erklärt der niederländische Technikphilosoph Peter-Paul Verbeek mögliche Transforma-
tionen von konkreten Erfahrungen durch Technik.[22] Der Nutzer erlebt die Welt
nicht unmittelbar, denn zwischen ihm und der Welt steht das Artefakt,
durch dessen Interpretation er die Welt erst erfährt.

   Technologien können also in einer hermeneutischen Beziehung
zum Menschen quasi zwischen Mensch und Welt stehen und in diesem
Dazwischen bestimmte Sinneseindrücke ersetzen. Mit dem durch Elektrisierung gewachsenen Funktionsumfang entzieht sich die Arbeitsweise
von Geräten ebenfalls dem Verständnis ihrer Nutzer. Nicht zuletzt sorgen
elektrische Haushaltshelfer auch dafür, dass ihre Nutzer sich die Hände
nicht mehr schmutzig machen müssen, und befreien sie somit von bestimmten Erfahrungen. Vor diesem Hintergrund scheint vieles für den verbreiteten Vorwurf zu sprechen, durch den Bedeutungswandel von Handlung
in der Elektrisierung reduziere sich auch die Sinnlichkeit im Leben der
Menschen im Allgemeinen. Das trifft aber nicht uneingeschränkt zu. Denn
insbesondere in den neu aufkommenden Unterhaltungsmedien spielten
Sinneseindrücke eine besondere Rolle, indem sie eine ganz neue Form von
Sinnlichkeit verfügbar machten: manipulierbare Sinnlichkeit, die sich
zwar nicht auf haptische, taktile oder olfaktorische Eindrücke bezieht, doch
dafür umso mehr auf die akustische und optische Wahrnehmung.
Während akustische Erfahrungen (beispielsweise ein Konzert im 19. Jahrhundert) noch konkret und unmittelbar mit realen Ereignissen der
Umwelt verknüpft waren, boten bald die durch technologischen Fortschritt
ermöglichten Innovationen wie Telefon, Radio und später Fernseher
oder Walkman eine gefühlte Überbrückung von Zeit und Raum an, indem sie
ausgewählte Sinneseindrücke regulierbar machten.

22   Verbeek: What Things Do, S. 126.

So ermöglichte nämlich das Radio eine freie Entscheidung nicht nur darüber, wann und was gehört werden würde, sondern sogar über die Intensität des Reizes durch das »Lauter- und Leiserdrehen«.

Diese neue Sinnlichkeit analysiert der deutsch-amerikanische Philosoph Albert Borgmann, indem er Formen von Sinneseindrücken bzw. Informationen als natürliche, kulturelle und technologische Informationen klassifiziert.[23] Daniel Fallmann fasst diese Kategorisierung in seinem Essay »A Different Way of Seeing: Albert Borgmann's Philosophy of Technology and Human–Computer Interaction« als Informationen *über, für* und *als* Realität zusammen: Erstere, die natürlichen Informationen *über* die Realität, bestehen beispielsweise im visuellen oder auch olfaktorischen Wahrnehmen von Rauch, der vor der realen Gefahr eines Feuers warnt. Informationen *für* die Realität entstehen durch nicht natürliche, kulturelle Zeichen, deren Bedeutung in Sitten entstanden, wie etwa die Schrift oder Musiknotation. »A musical score [...] demands realization; it has to be played—it is information for reality.«[24] Die dritte Kategorie von Informationen bildet das, was Borgmann als »Hyperrealität« bezeichnet: die Informationen *als* Realität, die in sich einen verbesserten Gegenentwurf zur wirklichen Realität darstellen.[25] Als Beispiel führt Fallmann die Informationen eines digitalen Musikstücks an: Es ist weder der direkte Report eines tatsächlich stattfindenden Konzertes – und damit Information über Realität – noch stellt es eine Anweisung dar, um Musik zu spielen, sie als Information für Realität also erst zu realisieren. Stattdessen konstituieren die Informationen ihre eigene Realität »[...] as it is actually more real than reality itself«.[26] Denn die Musik, die der Zuhörer wahrnimmt, ist durch die digitale Bearbeitung in ihrer Klangqualität der Originalsituation der Aufnahme sogar überlegen. Zudem ist sie immer verfügbar, weder an eine Zeit noch an einen Ort gebunden – und im heutigen Zeitalter von Streamingdiensten nicht einmal mehr an Besitz. »Thus, as opposed to both natural and cultural information, technological information does not provide access to reality—it rather replaces reality.«[27] Als Ersatz für die echte Realität ist die Hyperrealität einfacher zu kontrollieren und zu erfahren, zudem der echten Wirklichkeit im Erleben überlegen, während sie ihr gleichzeitig parasitär anhängt.

---

23 Fallman bezieht sich auf Borgmann: Holding On to Reality: The Nature of Information at the Turn of the Millennium.
24 Fallman: A Different Way of Seeing, S. 57.
25 Ebd.
26 Ebd.
27 Ebd.

Und trotz ihrer augenscheinlichen Überlegenheit beschreibt Borgmann die
»Ironie der Technologie«, die daran scheitert ihre Nutzer an die Hyperrealität
zu binden und zufriedenzustellen.[28]

Geräte und das gute Leben

Albert Borgmanns Auffassung von Technik als ironischer Zusatz
der Realität verdient nähere Betrachtung. In seinem früheren Werk
»Technology and the Character of Contemporary Life: A Philosophical Inquiry«
von 1984 beobachtet er die menschlichen Interaktionen mit bzw. durch
Technik und unterstreicht darin ebenfalls den Unterschied zwischen dem
Bedienen von Geräten und tatsächlicher Handlung. Während im Fokus
technologischer Innovationen auch aktuell insbesondere deren Nützlichkeit
steht, differenziert Borgmann in seiner Analyse von Technologien die
Beziehung – und oftmals angenommene Korrespondenz – zwischen *nützlich*
und *gut*. Die Annahme, dass einige Technologien gleichzeitig nützlich
und gut seien, andere jedoch zwar für bestimmte Zwecke nützlich, in einem
größeren Kontext jedoch schädlich, also nicht gut sein könnten, ist der
Kern von Borgmanns Verständnis von Technologie und dem von ihm formu-
lierten *device paradigm*.[29] Grundlegende Begriffe in seinen Betrachtungen
sind die Konzepte der *focal things*, Dinge von einnehmender Wichtigkeit im
Leben der Menschen, die von den *devices* der Elektrisierung abgelöst
wurden, welche ihrerseits mühelos *commodities* liefern. Diese Unterscheidung
kann helfen, einen differenzierteren Blick auf den heutigen Umgang mit
Technologien zu gewinnen.

Auch aktuell werden Technologien als ein Versprechen von
Bereicherung und Freiheit angesehen – ein Versprechen des guten Leben, wie
Borgmann es provokativ betitelt[30]. Schließlich befreien Technologien den
Menschen von Bedürfnissen und Bürden; sie bereichern das Leben, indem sie
Dinge, die ansonsten nur mit Mühen erreichbar oder realisierbar wären,
leicht verfügbar machen[31]. Eben diese Verfügbarkeit ist es, die ein Gros der Veränderungen im Alltagsleben durch die Elektrisierung begründet und die
von Borgmann wie folgt definiert wird: als sofort vorhanden, allgegenwärtig,
sicher und einfach zu erlangen[32]. Anschaulich illustriert Borgmann diese
vier Kriterien am Beispiel der Verfügbarkeit von Wärme. Noch im 19. Jahrhundert wurde Wärme durch im Kamin oder Ofen brennendes Feuer erzeugt.

---

28   Ebd., S. 58.
29   Ebd., S. 53.
30   Borgmann: Technology and the Character of Contemporary Life, S. 41.
31   Verbeek: What Things Do, S. 176.
32   Borgmann: Technology and the Character of Contemporary Life, S. 41.

Darin steckte viel Arbeit: Holz musste gesammelt, getrocknet, gehackt und gestapelt, Kohle gekauft, getragen und ebenfalls gestapelt, das Feuer schließlich langsam angefacht werden – Wärme war also ein nicht umgehend verfügbares Gut. Außerdem war sie nicht allgegenwärtig, da ein Feuer meist im zentralen Ofen in der Küche brannte und andere Räume des Hauses unbeheizt blieben. Auch gänzlich sicher war die Wärmegewinnung nicht, da mit dem Holzhacken eine gewisse Verletzungsgefahr einherging und zudem das Risiko bestand, sich am Feuer zu verbrennen oder gar einen Brand des gesamten Hauses zu riskieren. Einfach zu erlangen war sie ebenso wenig, da neben der Arbeit auch ein gewisses Maß an Können, Kraft und nicht zuletzt Aufmerksamkeit beim Instandhalten des Feuers verbunden waren.[33] Technologie hingegen macht Wärme nach allen von Borgmann festgesetzten Kriterien verfügbar. Plötzlich heizt die Zentralheizung das gesamte Zuhause und fordert im Gegenzug vom Nutzer kaum etwas – einzig das Drehen des Thermostats und die gelegentlich bezahlte Rechnung. Abgesehen davon ist der Nutzer an dem Prozess, durch den sein Zuhause gewärmt wird, nicht mehr beteiligt. Diese mühelose Verfügbarkeit definiert den Unterschied zwischen Borgmanns Konzepten der *devices* und *focal things*: Die Zentralheizung als Gerät (der *device*) löste den Akt des Feuermachens, der sich um den Kaminofen als zentrales Ding (dem *focal thing*) drehte, ab – und markiert darin einen entscheidenden Unterschied im Erleben der Realität.

Denn die Arbeitsschritte und Umstände am oben genannten Beispiel des Ofens machen auch deutlich, dass *focal things* untrennbar mit ihrem Kontext verknüpft sind und ohne menschliche Einbindung nicht denkbar wären. Mit einem *focal thing* umzugehen bedeutet automatisch ein Eintauchen in seine Funktion (der *focal practice*) sowie seine physische Umgebung, womit das Ding selbst Forderungen an den Menschen stellt und so den Routinen seines Alltagslebens eine Struktur auferlegt.[34] »[A] key characteristic of *focal things* [...] is that they tend to unify means and ends. Achievement and enjoyment are brought together; so are individual and community; mind and body; and body and world.«[35] In dem Maße, in dem ein Ofen also als *focal thing* mit seiner Umgebung verbunden ist, prägt er diese auch maßgeblich mit und produziert somit weit mehr als nur Wärme, sondern als Nebenprodukte auch Licht, einen Sinn von Gemeinschaft, körperliche Fitness, bis hin zu einem den Alltag strukturierenden Rhythmus. Ein *device* stattdessen eliminiert diesen Kontext und erfordert keine tiefere Involvierung des Nutzers. Mühelos werden somit *commodities* bereit-

---

33   Verbeek: What Things Do, S. 176 f.
34   Ebd., S. 177.
35   Fallman: A Different Way of Seeing, S. 56.

gestellt: die kleinen Annehmlichkeiten des guten Lebens; Bedürfnisse, die auf kürzestem Weg erfüllt werden.

Anders als beim *focal thing* kann beim Gerät eine klare Trennung zwischen dem Vorder- und dem Hintergrund der Technologie ausgemacht werden. Sie ermöglicht es dem Nutzer schließlich, sich nur auf den resultierenden Zweck zu konzentrieren, ohne sich weiter mit der Funktionsweise befassen zu müssen. Diesen Hintergrund von Technologie beschreibt Borgmann als *machinery*[36]. Im Falle der Zentralheizung handelt es sich bei der Maschinerie unter anderem um die Boiler, das Netzwerk aus Rohren und die im Haus verteilten Heizkörper. Dabei bleibt die Maschinerie so weit wie möglich im Verborgenen, sei es unterirdisch, in Wänden, hinter Holzverkleidungen oder im Keller. Als Resultat befreit diese gedankenlose Übergabe der nun unsichtbar gewordenen Arbeit an die Maschinerie den Nutzer von Mühen. Wo die Maschinerie im Vordergrund stünde, wäre Involvierung des Menschen vonnöten, anstatt *commodities* sofort verfügbar zu machen. Das umfassende Level an Komfort entsteht also durch *devices* als Entitäten, die *commodities* liefern, wiederum auf Basis einer Maschinerie, die ihrerseits, so gut es geht, versteckt bleibt.[37] Dabei nimmt die Maschinerie den Status eines puren Mittels an, das möglichst vom Ziel getrennt ist: »Technology devides things into means and ends and keeps those radically separated from each other.«[38] Die Spaltung von Mittel und Zweck hat neben dem immanenten Komfort des Nutzens jedoch noch eine zweite Dimension, die sich auf das Verständnis des Prozesses bezieht. Während es eine klare Verbindung zwischen der Wärme des Feuers und der Menge des Holzes im Ofen gab, verfällt diese klare Beziehung, sobald die Maschinerie in den Hintergrund tritt. Tatsächlich wird die Maschinerie bis zu einem gewissen Maße sogar gleichgültig. Denn solange sie als Resultat Wärme verfügbar macht, ist es zweitrangig, ob diese durch eine Gas-, Elektro-, Fernwärme- oder Fußbodenheizung erzeugt wird.

Die facettenreiche Rolle, die das *focal thing* in prätechnologischer Zeit spielte, reduziert der *device* auf einen einzelnen Zweck, den er durch *commodities* verfügbar macht. Somit bietet eine Zentralheizung mühelos Wärme, aber weder Licht noch den Sinn für Gemeinschaft oder die den Alltag strukturierende Funktion des Feuerofens. Borgmanns *device paradigm* besagt demnach, dass zentrale Dinge, die ehemals direkte und innige Einbindung forderten, durch Geräte abgelöst wurden, die stattdessen das Konsumieren fördern: »Devices promote consumption[…], the consumption

36   Borgmann: Technology and the Character of Contemporary Life, S. 42 ff.
37   Borgmann: Technology and the Character of Contemporary Life, S. 47.
38   Verbeek, What Things Do, S. 178.

of commodities without engagement.«[39] Anschaulich am Beispiel des Heizens erklärt lässt sich das *device paradigm* auf eine Vielzahl von Interaktionen mit technologischen Artefakten anwenden, die subtil zu einem gesellschaftlichen Wandel führten und für Borgmann im Dasein als »couch potatoe«[40] kulminieren. Ob durch Mikrowelle, Fernseher, Telefon oder Auto – mit neuen technischen Möglichkeiten und dem gewonnen Komfort gehen gleichzeitig andere Qualitäten verloren, seien es das Kochen und gemeinsame Mahlzeiten, sinnstiftende Freizeitaktivitäten, persönliche Begegnungen oder sportliche Aktivität.

Darin stellt Borgmann die Ironie der Technologie fest, deren Versprechen gleichermaßen verführerisch wie enttäuschend seien: Statt durch das gute Leben und seine Geräte – die wir kaufen, nutzen und mit der Zeit für ein vielversprechenderes Modell entsorgen – technisch bereichert zu werden, finde sich der Mensch oft entkoppelt, zerstreut, abgelenkt und einsam wieder.[41] So drängt manch technische Innovation, so nützlich sie für bestimmte Zwecke auch sein mag, den Menschen in die Rolle des passiven Konsumenten. Die Forderung nach Begreifbarkeit, im Sinne eines aktiven Umgangs mit Technologien, scheint nicht nur keinen Platz in diesem Bild zu haben, sie widerspricht ihm sogar.

Allerdings muss auch das von Borgmann aufgeführte Muster, »that the involvements that human beings have with the world are diminishing more and more due to devices«[42], differenziert betrachtet werden. Denn was Borgmann in seinen Ausführungen nicht beachtet, sind die zahlreichen bereichernden Möglichkeiten, die Technologien bieten. Fern des Konsumangebots werden so auch wertvolle Aktionen ermöglicht, die ohne entsprechende Technologien unerreichbar waren. Selbst der Fernseher als Borgmanns verteufeltes Beispiel des *device paradigm* bietet neben bedeutungsloser Unterhaltung auch wichtige Möglichkeiten der Informationsvermittlung – und damit gesellschaftliche und politische Teilhabe.[43] Ebenfalls sorgt das Mobiltelefon nicht primär dafür, dass die Nutzer sich der Wirklichkeit in eine virtuelle Welt entziehen, sondern kann situationsbedingt auch menschliche Grundbedürfnisse befriedigen, wie den Wunsch nach sozialer Teilhabe und nach Sicherheit (laut der Bedürfnispyramide von Abraham Maslow) oder nach Autonomie und Anerkennung (im Sinne der *Self-Determination Theory* von Richard M. Ryan).[44]

39   Ebd.
40   Ebd., S. 179.
41   Ebd., S. 58.
42   Ebd, S. 184.
43   Vgl. ebd., S. 189.
44   Geelhaar: Zur Gestaltung be-greifbarer Mensch-Maschine-Schnittstellen, S. 196.

Wenn auch das moderne Gerät in den meisten Fällen dem Nutzer kein tiefes Engagement mehr abverlangt, so schenkt es durch die Abnahme der Arbeit seinem Besitzer im Idealfall mehr Zeit, die er anschließend für das Engagement mit anderen Dingen nutzen könnte.

01.2 Materialität in der Digitalisierung

Während die Elektrisierung einerseits die Produktivität der industriellen Massenfertigung weiter steigern konnte, sorgte sie dabei gleichermaßen auch für die steigende Nachfrage nach immer mehr Produkten gänzlich neuer Objektgattungen, die sie selbst erst eingeführt hatte. Mit Beginn der 1980er-Jahre schien über das bis dato florierende Tätigkeitsfeld des Designs jedoch eine durchaus als paradigmatisch zu beschreibende Epoche hereinzubrechen: Die Einflüsse der Postmoderne beförderten einen »vehementen Stil-Eklektizismus«, der in eine gewisse Orientierungslosigkeit mündete[45]. Weiterwachsende technische Möglichkeiten eröffneten der noch jungen Disziplin des Designs neben neuen Produktionsmöglichkeiten auch neue Herausforderungen und Themenfelder, die die Vermittlung zwischen Mensch und Technik erneut revolutionierten. »Der Chip wurde für die 1990er-Jahre zum Leitfossil«[46], und mit der Mikroelektronik kam das damit einhergehende Phänomen der Miniaturisierung von Produkten. Die materielle Welt schien zu schrumpfen, während sich ihr gegenüber plötzlich eine zweite, neue Welt auftat: die der Digitalisierung, die bisher nie dagewesene Fragen für das augenscheinlich Nicht-Materielle aufwarf und ihrerseits nach pragmatischen Lösungen verlangte.

Miniaturisierung und Form

Das wachsende Unverständnis des Nutzers gegenüber technologischen Artefakten wurde bereits im vorherigen Kapitel am Beispiel der Elektrisierung dargelegt. Die Miniaturisierung potenzierte diese Tendenz und mündete in Objekten von nahezu unverwechselbarem »Innenleben«, das sämtliche Funktionen der elektronischen Produkte steuerte und bestimmte. Die immer kleiner werdenden mikroelektronischen Platinen resultierten in Produkten einer neuen Gattung von *Blackboxes* ohne intuitiven Zugang für den Nutzer. Sie waren verwechselbare Endstücke unsichtbar funktionierender technischer Systeme, von deren Äußerem nun nichts mehr auf ihre Funktionen im Inneren schließen ließ. Somit forderte die Mikroelektronik die Disziplin des

45   Bürdek: Design. Geschichte, Theorie und Praxis der Produktgestaltung, S. 401.
46   Ebd.

Designs neu heraus, indem sie »innen« und »außen«, Funktion und Form
endgültig zu entkoppeln schien.[47]

Notgedrungen bremste die Miniaturisierung von Produkten
schließlich an der physischen Schwelle der Benutzbarkeit. Die ergonomische
Grenze des Herunterschrumpfens ergab sich aus den menschlichen
Dimensionen, die forderten, dass Bedienelemente auch nach wie vor von
Fingern bedienbar zu bleiben hatten[48]. Doch darin schien die einzige
Restriktion für das Design zu liegen, dass der Mikroelektronik seine Hülle gab.
Dies resultierte in einer Beliebigkeit der äußeren Formen, die Designer augen-
scheinlich zum bloßen Stylen des Objektes verdammten – Produkt-
Frisöre, wie Max Bill sie später einmal bezeichnet haben soll[49]. »Heute [...]
ist die Großform per definitionem Ornament. Sie ist ein frei wählbarer, ein
immer auch anders möglicher, nur ein in irgendeiner Form überhaupt
nötiger Zusatz«[50], schrieb der deutsche Philosoph Wolfgang Welsch noch im
Jahr 2000 in seinem Aufsatz »Verschwinden der Gegenstände – Wiederkehr
der Dinge?«. Tatsächlich war das beklagte Verschwinden der Gegenstände ein
wiederkehrendes Motiv auch im Design-Diskurs. Während Welsch von
»Immaterialisierung«[51] sprach, beschrieb der Design-Historiker Gert Selle die
neuen »Nichttdinge«[52] in der »Entmaterialisierung«[53] und auch Bernhard E.
Bürdek nannte die »Entmaterialisierung«[54] von Produkten im Zusammenhang
mit der Mikroelektronik eine neue Herausforderung für die Disziplin des
klassischen Produktdesigns. Es war an der Zeit, die scheinbare Beliebigkeit in
den Objekten der materiellen Welt zu beklagen. Denn während auch die Dinge
an sich nicht verschwanden, schien die Wichtigkeit des Physischen immerhin
nachzulassen – gegenüber der neu sich auftuenden und stetig wachsenden
Alternative der digitalen Welt.

In Bezug auf die voranschreitende Miniaturisierung, die Re-
Mediatisierung und die daraus resultierende Abwendung vom physischen
Artefakt sagte der Produktdesigner Adam Richardson im Jahr 1993 noch den
»death of the designer« voraus. Aber 25 Jahre später muss auch er diese These
revidieren: »Die Nutzer haben in den vergangenen 20 Jahren aufgehört
zu erwarten, dass die physische Form eines Produktes in Verbindung zu dem
steht, was es tut; sie fühlen sich viel wohler mit einem attraktiven Produkt
von beliebiger Form, dem eine enorme Komplexität und eine Vielfalt an

47   Welsch: Verschwinden der Gegenstände – Wiederkehr der Dinge?, S. 24 ff.
48   Selle: Alte und neue Dinge, S. 19.
49   Bürdek: Vom Mythos des Funktionalismus, S. 7.
50   Welsch: Verschwinden der Gegenstände – Wiederkehr der Dinge?, S. 25.
51   Ebd., S. 24.
52   Selle: Alte und neue Dinge, S. 18.
53   Ebd., S. 16.
54   Bürdek: Design. Geschichte, Theorie und Praxis der Produktgestaltung, S. 405.

Funktionen innewohnt.«[55] Technologien sind ein so integraler, natürlicher und unverzichtbarer Teil des Alltags geworden, dass Benutzer den Verlust der physischen Sache und das Unverständnis im Hinblick auf die Funktionsweisen im Inneren der noch verbleibenden Endstücke gern hinnehmen. Auch die Disziplin des Designs scheiterte nicht an der Immaterialität der Digitalisierung, stattdessen wurde sie um zahlreiche neue Werkzeuge bereichert und interpretierte die sich neu eröffnenden Tätigkeitsfelder als weitere Design-Professionen. Denn neben der physischen Welt wurde Design bald auch dafür zuständig, das Immaterielle zu gestalten.

Bildhafte Brücken ins Digitale

Erstmalig in seiner Geschichte kürte das US-Magazin »Time« im Jahr 1982 keinen »Man of the year«. Prägender als alle menschlichen Erfolge des Jahres schien stattdessen eine »Machine of the Year« gewesen zu sein: der Computer als Symbol für ein neues technologisches Zeitalter[56]. Die bereits damals erarbeitete Vermittlung zwischen dem Menschen und der neuen digitalen Technologie war eine derartige Glanzleistung, dass sie bis heute ihre Gültigkeit bewahrt hat. Doch auch anhand der bedeutsamen Entwicklungsgeschichte des Computers lässt sich der Balanceakt erkennen, zwischen virtuellen Aktionen weiterhin an der physischen Welt festzuhalten.

In all seinen miniaturisierten Formen, in denen er heute überall im Alltag auftritt, wurde der Computer vor den 1980er-Jahren zunächst nur professionell innerhalb hochtechnisierter Berufsbilder und in der Wissenschaft eingesetzt. Die ersten als Computer zu bezeichnenden Maschinen hatten mit der heutigen Vorstellung des PCs nicht viel gemein. Der Altair 8800 beispielsweise wurde über ein komplexes System aus Kippschaltern, die in der richtigen Reihenfolge betätigt werden mussten und bei korrekter Kombination nur über das Blinken einzelner LEDs Funktionen anzeigten, bedient.[57] Später wurden Bildschirme und Tastaturen genutzt, doch auch die komplizierte Eingabe von Befehlen über die Kommandozeile bedurfte entsprechendes Expertenwissen. Erst mit der Entwicklung des ersten »Alto-Computers« am Xerox Palo Alto Research Center im Jahr 1973 wurde für die Mensch-Computer-Interaktion eine Richtung vorgegeben, die erstaunlicherweise bis heute als Wegweiser gilt. Die Navigation durch die Komplexität eines Computers – und damit die Kommunikation zwischen Mensch und den unsichtbaren Prozessen der Rechenmaschine – wurde durch die Einführung des *Graphic User Interface*, kurz

55   Richardson: The Death of the Designer. 25 Jahre später, S. 102.
56   Bürdek: Design. Geschichte, Theorie und Praxis der Produktgestaltung, S. 401.
57   Meyer: Altair 8800.

GUI, ermöglicht. Im Zusammenspiel mit der Bedienung über die (tatsächlich bereits in den 1960er-Jahren[58]) von Doug Engelbart entworfenen Maus erarbeitete Xerox durch die visuellen Interaktionen mit Daten auf einem Bildschirm endlich eine Nachvollziehbarkeit, die schließlich auch den kommerziellen Einsatz des Computers gestattete. Auf besondere Weise trennte und vereinte die grafische Oberfläche digitale und physische Welt: »Auf der einen Seite können Nutzer händische Eingabe verwenden, die auf der anderen Seite Objekte der digitalen Welt direkt beeinflusst.«[59] Wenn auch nur auf indirekte Weise über den Umweg einer Maus konnte die Hand so wortwörtlich in die Abläufe der digitalen Welt eingreifen.

Abb. 04 Der Altair 8800 von 1975

58   Denzinger: Der Interface-Komplex, S. 51.
59   Herrlich, Walther-Franks und Malaka: Daten zum Anfassen, S. 135.

Abb. 05 Der Xerox Alto aus dem Jahr 1978

Basierend auf dem Erfolg solcher Interaktionsprinzipien kam als Nachfolger
des Alto im Jahr 1981 schließlich der Xerox Star als erster Computer für die
Allgemeinheit auf den Markt. [60] Schon damals bediente sich sein grafisches
Interface der noch heute gängigen Metaphern, die so vor allem den un-
bedarften Nutzern den Übergang in die digitale Welt erleichtern sollten[61].
Der Einsatz von Metaphern diente als wichtiger Vermittler zwischen digitalen
Prozessen und den realen Erfahrungen des Menschen und sorgte erst für jene
Benutzbarkeit und Akzeptanz, die letztendlich zum Erfolg des Computers
führten. Ursprünglich als Arbeitsgerät für die Büroarbeit von Managern
entworfen, ahmte die Benutzeroberfläche des Xerox Star die Aktionen und
Ordnungsprinzipien eines realen Schreibtisches nach: »Auf einem Schreibtisch
können Dokumente beliebig angeordnet, bewegt und in Ordnern abgelegt
werden. Die Post kommt in Post-Eingangsbehältern an; ausgehende Post
wird entsprechend in Post-Ausgangsbehältern abgelegt. Geräte, die auf
typischen Schreibtischen liegen, wie Taschenrechner und Kalender, sind als
Anwendungen realisiert. Viele Dokumente liegen auf Schreibtischen, um daran
zu erinnern, dass etwas zu erledigen ist.« [62] Die Idee einer Büroumgebung
war den arbeitenden Nutzern gut bekannt und ließ sich damit leicht auf das
Erlernen von neuen Interaktionen mit Computern übertragen.

Der digitale Schreibtisch entfaltete sich im Rahmen des Systems
Windows-Icons-Menus-Pointer, das als WIMP-System bekannt wurde. Getreu
dem Motto »What You See Is What You Get« (WYSIWYG) entstand das bis heute
gängige Prinzip von Point-and-Click über die Computermaus als physische
Schnittstelle.[63] Obwohl der Xerox Star als Vorreiter des Personal Computer gilt,
erlebte der Computer erst durch Apple seinen Durchbruch. Zwei Jahre nach
der Markteinführung des Stars als Arbeitsgerät führte Apple mit dem Lisa,
später dann dem Macintosh, den Computer für den Heimbereich ein. Dabei
baute Apple in vielen Bereichen auf den bahnbrechenden Prinzipien von Xerox
auf, verfeinerte sie jedoch für ihre Nutzer und schlug damit schon damals die
der *User Experience* verschriebene Richtung ein, für die Apple bis heute steht.
Apple reduzierte beispielsweise die Anzahl der Tasten auf der ursprünglichen
Computermaus von drei auf eine einzige; Point-and-Click wurde um das neue
Prinzip von Drag-and-Drop und damit noch unmittelbarerer Manipulation
ergänzt; und Konzepte wie die Zwischenablage, die Papierkorb-Metapher
sowie die fixierte Kommandozeile am oberen Bildschirmrand erleichterten
die Bedienung weiter.[64]

60   Denzinger: Der Interface-Komplex, S. 51.
61   Preim und Dachselt: Historische Entwicklung, S. 181.
62   Ebd., 181 f.
63   Denzinger: Der Interface-Komplex, S. 51.
64   Preim und Dachselt: Historische Entwicklung, S. 184 f.

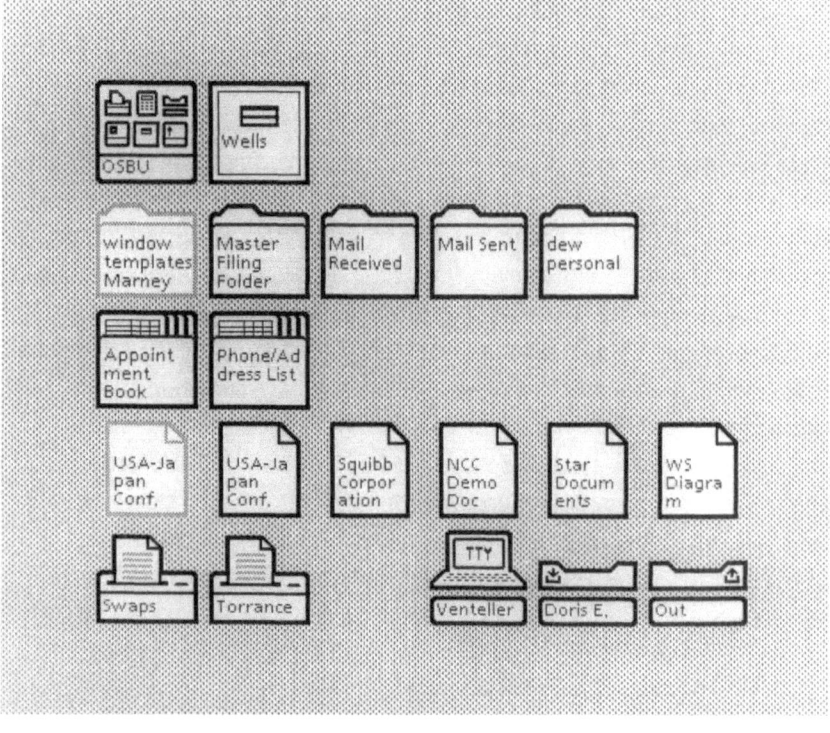

Abb. 06 Ein Foto vom Desktop des Xerox Star von 1981,
dessen Icons und Interaktionslogik der materiellen
Umgebung des Büros nachempfunden waren.

Zeigen und Berühren

Heute prägen Bildschirme in ihrer Allgegenwärtigkeit den öffentlichen Raum und das Zuhause. Durch die weitere Miniaturisierung der Technik tragen wir Computer mittlerweile in unseren Hosentaschen mit uns, was das Interface erneut auf den Kopf gestellt hat. Mit der Markteinführung des iPhones im Jahr 2007 wurde das Smartphone dank seines kapazitiven Touchscreens bedienungs- und damit massentauglich[65]. Der Touchscreen erkennt differenzierte Gesten der Hand und löst damit scheinbare Umwege in der Bedienung über Maus, Tastatur und Knöpfe ab. Entstanden ist eine neue Generation der Schnittstelle, die im Titel schon ihre Hoffnungen erklärt: das *Natural User Interface* (NUI)[66]. Die Entwicklung eines natürlichen Dialogs zwischen Mensch und Technik durch Gesten der Hand wurde zum neuen Ziel von Mensch-Maschine-Interaktionen.

Wenngleich auch die Hände bei der Bedienung von Touchscreens in den Fokus rücken (und durch Multi-Touch-Bedienkonzepte auch die jeweils einzelnen Finger an Bedeutung gewinnen), so bewegen sie sich nach wie vor über einen zweidimensionalen Bildschirm. »Im Zuge des Ersetzens des Mechanischen durch das Digitale verschwinden zugleich gegebene Reize (Haptik, Materialität, Gewicht, Reibung etc.) und damit Anzeichen beziehungsweise Affordanzen, die uns Menschen Hinweise zur Benutzung geben. So gab beispielsweise früher ein Potenziometer durch Widerstand und Rasterung beim Drehen unmittelbares Feedback, der Nutzer wusste, wie fein oder grob die Stellbewegung sich auswirkt. Bei seinem digitalen Nachfolger entfallen diese Eigenschaften zunächst ersatzlos und müssen erzeugt und ausgegeben werden.«[67] Auch für die Eingabe durch die Finger wurden Metaphern erzeugt und weitere Prinzipien der physischen Welt ins Digitale übersetzt. Das Knopfdrücken wird zum Tippen; das Bild eines Türschlosses nach amerikanischem Vorbild wird durch die Geste des *Slidens* zum Entsperren verwendet; beim *Scrollen* wird der Bildschirminhalt scheinbar hinter dem Bildschirm verschoben usw. Eine Reihe an »natürlichen« Gesten entsteht, die Interaktionen mit analogen Objekten imitieren.

Doch auch sie müssen ihrerseits erst von den Nutzern für den Umgang mit dem Digitalen erlernt werden. Denn eine direkte Übersetzung zwischen physischer und digitaler Welt findet auch durch das Medium der Gestensteuerung nicht statt. Während sich die Eingabe an einem sehr direkten Abbild von physischen Interaktionen orientiert, stellen Herrlich et al. die Unvermeidbarkeit bzw. Notwendigkeit eines Bruches in dieser

65   Denzinger: Der Interface-Komplex, S. 52.
66   Ebd.
67   Ebd., S. 53.

Übertragung fest: »Die physikalische Welt kennt kein zerstörungsfreies Zoomen bzw. Vergrößern von Objekten, dennoch hat sich die *Pinch*-Geste (greifen mit Daumen und Zeigefinger wie beim zwicken – engl. *to pinch*) hier ohne Probleme als Quasistandard etabliert und wird von vielen Benutzern Zals ›intuitiv‹ empfunden.«[68] Das Potential der natürlichen Gesten ist somit nicht ihr tatsächliches Abbild der stofflichen Realität, sondern stattdessen das Übergehen von Umwegen wie die Bedienung per Computermaus. Während sie digitale Inhalte zwar nicht wirklich physisch »greifbar« machen, erlauben NUIs immerhin die Illusion, Inhalte »anfassbar« zu machen[69]. Im Touchscreen fusioniert Eingabe- mit Ausgabegerät, und das indirekte Zeigen über das entsprechende Medium »Zeiger« evolvierte zum Berühren mit den Fingern, was einen weiteren Schritt zu direkterer Interaktion darstellt.

01.3   Die Vernetzung der Dinge

Nach Mechanisierung durch Wasser- und Dampfkraft, Elektrisierung, industrieller Arbeit am Fließband und anschließend Digitalisierung durch den Einsatz des Computerchips läutet das 21. Jahrhundert eine vierte industrielle Revolution ein[70]. Ihr Titel ist bereits in seiner Anspielung auf die digitale Welt der Updates bezeichnend: Die »Industrie 4.0« beschreibt die Verschmelzung der digitalen und der physischen Welt, die sich in den entstandenen Objekten einerseits, in ihrer Vernetzung entlang der Wertschöpfungskette sowie in ihren konkreten Einflüssen auf gesellschaftliche Prozesse andererseits manifestiert.

Zwischen physisch und virtuell

In der Manier, in der digitale Währungen wie *Bitcoins*, Konzepte von *Blockchain* und algorithmenbasierte Überwachung im öffentlichen Raum wirtschaftlich, politisch und gesellschaftlich ernst genommen werden, wird das Virtuelle ein untrennbarer Teil der Realität. Auch auf Ebene der Produktwelt agieren längst digitale Technologien, um das Physische zu schaffen. Industrielle Produktion ist ohne *Computer-aided Manufacturing* (CAM) nicht mehr vorstellbar. Täuschend echte Renderings neuer Produkte verwischen durch *Computer-aided Design* (CAD) die Grenze zwischen Virtuellem und Realität. Als absolutes Sinnbild der Überlagerung von Realem und Digitalem ermöglicht der 3-D-Drucker, Objekte als eine Ansammlung von Daten aus der *Cloud* herunterzuladen und daraus Gegenstände in die physische Welt hinein

---

68   Herrlich, Walther-Franks und Malaka: Daten zum Anfassen, S. 142.
69   Ebd., S. 141.
70   Denzinger: Der Interface-Komplex, 50.

zu drucken. Ein weiteres Versprechen der Industrie 4.0 ist es, die verkauften Produkte enger auf die Bedürfnisse des Anwenders abzustimmen[71]. Für viele digitale Unternehmen ist die algorithmenbasierte Anpassung ihrer Services längst unbemerkt Hauptbestandteil des Geschäftskonzepts geworden. Doch auch in der Produktion physischer Produkte macht die digitalisierte Industrie einfach, schnell und massenhaft »individuelle« Wünsche wahr. »Heute programmieren wir Maschinen, damit sie massenhaft die wertlos gewordenen Dinge auswerfen. Wir entwerfen neue Dinge am Computer und entwickeln Steuerungssoftware, die es erlaubt, die Produkte in zahllosen Varianten herzustellen. Kaum ein Auto gleicht exakt dem anderen, keine IKEA-Küche der des Nachbarn. Programmierte Schein-Individualität ist eines der Kennzeichen digitaler Industrien.«[72] Die Existenz einer Vielzahl der Gegenstände, aus denen sich unsere physische Welt zusammensetzt, ist ohne digitale Technologien heute kaum vorstellbar, sodass »von Hand« Gemachtes zum exklusiven Luxusgut geworden ist.

  Auch abseits ihrer Produktion sind viele der aktuell verkauften Objekte so dicht mit dem Digitalen verwoben, dass sie zu »cyber-physischen Systemen«[73] werden. Die Integration digitaler Fähigkeiten, Aktoren und Sensoren in die Dinge des Alltags konfrontiert Nutzer seit einigen Jahren mit einer ganz neuen Gattung von Produkten. Als sogenannten smarten Gegenständen (Blumentöpfe, Kühlschränke, Fußbälle – die Liste lässt sich mittlerweile unendlich weit führen) wird den Objekten in privaten Haushalten neuerdings eine Intelligenz zugesprochen. Natürlich entspricht diese eigentlich nur einer neuartigen Nützlichkeit, die sich in der Software im Inneren der Produkte gründet. Neben ihrem dadurch erweiterten Funktionsumfang, ihrer Intelligenz also, bringen diese Produkte zudem aber auch eine gänzlich neue Fähigkeit mit, die sie alle gemeinsam haben. Denn dieser wortwörtlich »weiche« Bestandteil eines Produktes lässt sich im Gegensatz zu seiner Hardware sogar verändern und durch Downloads bzw. Updates erweitern. Statt zu altern, zu verfallen und abgenutzt zu werden, haben diese neuen Produkte nun ebenfalls das fabelhafte Potential zu wachsen und sich mit der Zeit zu erneuern.

  Im *Internet of Things* wird die den smarten Objekten zugesprochene Intelligenz noch potenziert. Durch die Einbettung von IT-Systemen in die Dinge des Alltags und den damit einhergehenden dynamischen und permanenten Fluss von Daten beginnen die Dinge, eine augenscheinliche Autonomie zu entwickeln. Ein neuronales Netzwerk entsteht, in dem

71 Ebd.
72 Trogemann: Code und Material, S. 15 f.
73 Denzinger: Der Interface-Komplex, S. 52.

vermeintlich einfache, bislang allein stehende Produkte durch Vernetzungen und Funktionserweiterungen Teil von Produkt-Service-Ökologien und Systemen werden[74]. In diesem Netzwerk sammeln die den Menschen umgebenden Dinge nun Daten über ihre Nutzer. Sie speichern, teilen und interpretieren diese in Nutzerprofilen – und passen sich den entsprechenden Mustern eigenständig an. Objekte lernen über und mit dem Menschen, ihre Funktionen perfekt auf die individuellen Bedürfnisse des Nutzers abzustimmen. Von »intelligenten«, doch beschränkten Dingen avancieren sie so zu stummen Assistenten. Sie handeln autonom und damit ohne die explizite Aufforderung des Benutzers durch Knopfdruck, Geste oder Sprachbefehl.

Agierende Objekte

Die direkte Interaktion zwischen Mensch und Technik rückt also allmählich in den Hintergrund, wenn Technologien autonom und zuvorkommend handeln und den Komfort in einem Maße steigern, wie man es lange nur aus Science-Fiction-Visionen kannte. Das *Internet of Everything* bringt die Automatisierung von allem, und die menschliche Interaktion mit den Objekten der Umgebung sinkt auf ein Minimum. Das vernetzte Zuhause beherbergt nun auch den vernetzten Diener, der in meist konischer Form und mit weiblicher Stimme zu seinem menschlichen Mitbewohner spricht und sich nur durch die nächste Ära des Interfaces – *Voice User Interfaces* (VUIs) – befehlen lässt. Doch wo keine gesprochenen Befehle notwendig sind, sorgen Technologien über Zero Interface, also berührungspunktlos, für Komfort. Der Input, nach dem sich die Funktion richtet, ist dabei das alltägliche Verhalten des Nutzers. Der resultierende Kontrollverlust zeugt gleichzeitig von einem unübertroffenen Vertrauen in diese neuen Technologien, und die Nutzer öffnen autonomen Dingen bereitwillig ihr Zuhause.

Der damit einhergehenden Kontrollabgabe schmerzlich bewusst wurden sich die Kunden des Unternehmens NEST im Winter 2016. Das US-Unternehmen baute sich durch seine vernetzten Thermostate den Ruf als Pionier des *Internet of Things* (IoT) auf. Doch ein durch ein Software-Update verursachter technischer Defekt ließ Haushalte in den gesamten Vereinigten Staaten für einige kalte Tage ungeheizt zurück – ohne dass die Kunden einfach hätten eingreifen und die Temperatur in ihren eigenen Schlafzimmern selbst regulieren können.[75] »But this isn't just about the Nest. This points to a larger problem with so-called smart *devices* that we are inviting into our lives:

74   Ebd., S. 53.
75   Bilton: »Smart« Home Suffers a Brain Freeze.

Small glitches can cause huge problems.«[76] Neben der Kontrollabgabe ist ein weiteres dieser großen Probleme des IoT seine regelmäßige Verwicklung in Kontroversen um Datensicherheit. Schließlich stecken Unternehmen hinter den teuer angeschafften Dingen, die im Wohn-, Schlaf-, Bade- oder Kinderzimmer fleißig Nutzerdaten sammeln. Die akribische Detailliertheit, mit der die Algorithmen der Unternehmen Informationen sammeln können, sorgt seit Jahren immer wieder für Schlagzeilen. Längst haben Facebook, Amazon, Google und zahlreiche weitere zurecht als Tech-Giganten bezeichnete Unternehmen begriffen, dass in dem Geschäft mit Nutzerdaten viel Geld steckt. Das vielleicht bekannteste Beispiel dafür, wie tief die Einsichten der Unternehmen in das Leben ihrer Kunden sein können, zeigte bereits im Jahr 2012 die amerikanischen Handelskette Target. Sie machte Schlagzeilen, als sie einem Vater die Schwangerschaft seiner minderjährigen Tochter vorhersagte – noch bevor die werdende Mutter selber ihrer Familie davon erzählen konnte.[77]

Agieren technologische Artefakte in der Umgebung des somit passiven Benutzers heute selbstständig, also ohne menschliche Aufmerksamkeit zu fordern, und versteckt in der alltäglichen Umgebung, bewegen wir uns in der heutigen Zeit so nah wie nie an Mark Weisers Vision des *Ubiquitous Computing*. Bereits im Jahr 1991 beschrieb der renommierte Informatiker – ebenfalls am *Xerox Palo Alto Research Center* – ein Szenario, das mittlerweile unter dem Stichwort *Ambient Intelligence* Realität wurde und in dem der »Computer« in neuer Form allgegenwärtig und doch unsichtbar im Leben der Menschen ist. »The most profound technologies are those that disappear. They weave themselves into the fabric of every-day life until they are indistinguishable from it.«[78] Mit diesen Worten leitet Weiser seinen auf fast unheimliche Weise akkuraten Ausblick in »The Computer for the 21st Century« ein. Später illustriert er seine Vision anhand eines Tages im Leben der fiktiven Sal, deren vernetztes Zuhause nur eines von vielen Beispielen ihres technisierten Alltags ist: Der Wecker erkennt ihre Schlafphasen und weckt sie just im richtigen Moment mit dem Angebot eines frischen Kaffees, den ihre Kaffeemaschine auf ihr verschlafenes ›Ja‹ hin eigenständig für sie brüht; das Haus kommuniziert den Familienmitgliedern, wer von ihnen bereits wach ist und wann und wo Lärm gemacht werden darf; und beim Frühstück markiert Sal ein interessantes Zitat in ihrer Tageszeitung (»She still prefers the paper form, as do most people.«[79]), das ihr vernetzter Stift sodann mit Quellangaben an ihr Büro sendet. Gegenüber den Visionen von lebensechten »virtuellen Realitäten« glaubte Weiser daran, den Computer in die Welt der Menschen, statt die Menschen

76   Ebd.
77   Hill: How Target Figured Out A Teen Girl Was Pregnant Before Her Father Did.
78   Weiser: The Computer for the 21st Century, S. 94.
79   Ebd., S. 102.

in die Welt der Computer zu integrieren. Demzufolge sprechen Robben und Schelhowe heute vom »Phänomen des Eindringens des allgegenwärtigen Computers in die Dinge des Alltags«[80]. Und tatsächlich sind die mit IT-Systemen ausgestatteten Objekte unserer physischen Umgebung bisweilen so komplex, wenn nicht komplexer als Computer selbst. Bereits ein durchschnittlicher Neuwagen aus dem Jahr 2013 besaß mehr Code-Zeilen als das gesamte Computerbetriebssystem Windows Vista.[81] Doch »der Computer bleibt unsichtbar – physikalisch, kognitiv und emotional«[82], folgert Designer und »form«-Autor Jochen Denzinger daraus. Denn in der Wahrnehmung des Nutzers bleibt ein Auto dennoch genau dies: ein Auto; ebenso wie Sals Stift für sie immer noch ein Stift ist, mit dem sie sich eine Passage auf Papier markiert.

In der mangelnden Sicht- und Spürbarkeit der Technologien in der Welt von *Ubiquitous Computing* liegt neben großer Faszination ebenso auch eine Bedrohung, auf die Peter-Paul Verbeek in seinem Aufsatz »Ambient Intelligence and Persuasive Technology: The Blurring Boundaries Between Human and Technology« hinweist. Technologie ist mittlerweile in der Lage, gezielt und autonom auf das zu reagieren, was der Mensch tut. Der erweiterte, verbesserte und stark individualisierte Funktionsumfang des »smarten Environments« kann selbstverständlich viele Vorteile mit sich bringen, die Verbeek am Beispiel ihrer Nutzung in der Alten- und insbesondere Alzheimer-Pflege aufzeigt[83]. Doch mit der Individualisierungs- und Funktionsinflation des IoT ist es ein schmaler Grad zu einer Moralität der Dinge, zu einer intelligenten Umgebung also, die auf das Benehmen des Menschen abzielt und es zu »verbessern« droht. Diese weitere Evolutionsstufe der smarten Umgebungen nennt Verbeek *persuasive technologies*. Solche »überzeugende« Technik illustriert er am Beispiel eines vernetzten Kühlschranks. Für die Technikaffinen scheinen seine Vorteile ersichtlich. Der kluge und zuvorkommende Kühlschrank registriert, was sich in ihm befindet und assistiert seinem Besitzer im Schreiben von Einkaufslisten, wenn sich sein Inhalt dem Ende neigt. Eventuell bestellt er sogar über sein eigenes digitales Portemonnaie die Waren kurzerhand selbst nach. Praktisch ist auch, dass er seine Nutzer über bald ablaufende Lebensmittel alarmiert und je nach Saison geeignete Menüs vorschlägt. Außerdem gibt der smarte Kühlschrank Feedback zu den Essgewohnheiten seines Menschen. Damit ist er nicht nur praktisch und klug, er beugt auch Lebensmittelverschwendung vor und dient der Gesundheit. Oder? Diese Überlegung führt in das Dilemma der Moralität der Dinge: »If people are influenced by technology behind their backs, who, for example,

80   Robben und Schelhowe: Was heißt be-greifbare Interaktion?, S. 10.
81   Fitzgerald: A Car Has More Lines of Code Than Vista.
82   Denzinger: Der Interface-Komplex, S. 52.
83   Verbeek: Ambient Intelligence and Persuasive Technology, S. 231 f.

decides what forms of influence are acceptable and what are not?«[84] Somit vertritt auch der kluge, gesunde Kühlschrank eine Meinung. Hierbei bleibt die Frage, wer (oder viel eher: welche Industrie) hinter diesen Vorschlägen steckt, die später dem Verbraucher in seinem Zuhause eingeflüstert werden. Hinter Verbeeks Ausführungen steht die Frage, ob der Verbraucher inmitten fast unsichtbarer, für die geringste Reibungsfläche konzipierter Technologien einen differenzierten – und damit bewussten – Umgang mit ihnen halten kann oder ob er sich mit der Zeit auch ihrer Moralität passiv aussetzen wird.

Die Symmetrie von Ding und Mensch

Das Internet der Dinge lässt die ehemals so klare Trennlinie zwischen dem agierenden Menschen und dem leblosen Objekt allmählich verschwimmen. Animierte Gegenstände im IoT und *persuasive technologies* machen die den Objekten innewohnende Macht, auf Verhaltensweisen einzuwirken, anschaulich und nachvollziehbar, da die Konzepte selbst agierender Artefakte bereits in gewisser Weise der Realität entsprechen. Doch der Einfluss von Dingen auf das Verhalten der Menschen ist kein Phänomen der Industrie 4.0. Ob gezielt dafür entwickelt, bestimmte Verhaltensweisen zu verändern, oder unabhängig von derlei Intentionen für andere Zwecke vorgesehen, üben Artefakte immanent einen Einfluss auf ihre Nutzer aus. Ursprünglich formuliert, um Wissenschaft zu erklären, bildet die *Actor–Network Theory* des französischen Philosophen und Anthropologen Bruno Latour (der sich selbst lediglich als Autor bezeichnet) die Grundlage für ein Verständnis vom Einfluss der Dinge.

Latour beschreibt die Realität als ein Netzwerk von Akteuren, die miteinander interagieren – und macht darin keinen Unterschied, ob die Akteure als solche menschlich oder dinglich sind. Dieser Ansatz der Symmetrie steht dem Dualismus zwischen Mensch und Ding, also deren asymmetrischer Betrachtung, entgegen. Um diesem grundlegenden Konzept zu folgen, gibt Latour dem Begriff »Aktant« den Vorzug vor dem des »Akteurs«, da letzterer mit der rein menschlichen Entscheidungskraft konnotiert wäre[85]. Für die Beziehung zwischen Mensch und Technik ist insbesondere Latours Verständnis von »Handlung« aufschlussreich, die in der *Actor–Network Theory* (ANT) niemals auf einen einzelnen Aktanten allein zurückgeführt werden kann. In verschiedenen Netzwerken interagieren Aktanten also miteinander und beeinflussen sich in den resultierenden Handlungen gegenseitig.

---

84   Ebd., S. 232.
85   Latour: Die Hoffnung der Pandora, S. 372.

Tatsächlich können Aktanten erst durch ihre Netzwerke existieren. Ein solches lässt sich am Beispiel des Automobils leicht erklären. Denn ein Auto kann nur als Auto wahrgenommen werden, wenn es in seinem Netzwerk betrachtet wird: Ohne sein sich aus Straßen, Gesetzen, Tankstellen, Herstellern, Fahrschulen usw. zusammensetzendes Netzwerk wäre es nur eine Ansammlung von Metall und synthetischem Material.[86] Alle Elemente eines Netzwerkes sind Aktanten, die Einflüsse aufeinander und schließlich auch auf den Menschen ausüben. So bestimmt unterm Strich nicht nur die Entscheidung des Fahrers über die Geschwindigkeit seines Fahrzeugs, sondern wiederum auch dessen technische Spezifikationen, die Straßenverkehrsordnung, andere Autofahrer, Verkehrsschilder, Verkehrspolizisten, Ampeln und nicht zuletzt auch die Bodenschwellen auf der Straße. Die einzelnen Elemente bilden in ihrer Summe als Netzwerk die Realität.

Bruno Latour geht in der ANT der Bedeutung der Dinge für diese Realität nach, ihrer sogenannten Fähigkeit zur technischen Vermittlung – in anderen Worten: dem Einfluss der Artefakte auf das (menschliche) Verhalten. Latour erklärt das Konzept der technischen Vermittlung in der *Actor–Network Theory* auf verschiedenen Ebenen: An dieser Stelle können die Konzepte der *Übersetzung*, *Zusammensetzung* und *Delegation* zu einem groben Verständnis dieser Überlegung der ANT beitragen.[87]

Die grundlegende Fragestellung wird anhand der insbesondere in den amerikanischen Medien immer wieder aufkommenden Diskussion um die Waffenlobby deutlich, in denen die zwei gegnerischen Parteien sich die Aussagen »weapons kill people« gegenüber »people kill people« an den Kopf werfen. Kann einem Objekt oder einem Menschen allein die Verantwortung zugeschrieben werden? Die Antwort der ANT auf diese polarisierende Frage nach dem Handlungsträger besteht unter anderem im Konzept der Übersetzung. Auch die sogenannte Übersetzung in ein Handlungsprogramm lässt sich an der real debattierten Waffenfrage weiter ausführen: In einem fiktiven Rachedelikt hat ein potenzieller Täter, der erste Aktant, die Intention, sein Gegenüber umzubringen – nicht aber die physische Stärke dazu. Sein tragisches Handlungsprogramm, Rache zu nehmen, indem er tötet, droht somit an seinen körperlichen Fähigkeiten zu scheitern. Also greift der menschliche Aktant zur Waffe, dem dinglichen Aktant. Durch ihre Funktion des Schießens ermöglicht die Waffe dem Menschen auch ohne entsprechende physische Kraft das Töten, was ihm mit derselben Intention der Rache ohne Schusswaffe nicht gelingen würde. Das ursprüngliche Handlungsprogramm, das Rachenehmen, wird durch die Pistole umgeschrieben und zum Erschießen.

86   Verbeek: What Things Do, S. 149.
87   Latour: Die Hoffnung der Pandora, S. 211 ff.

Die Vermittlung durch die Waffe besteht somit darin, durch *Übersetzung* ein neues Handlungsprogramm zu ermöglichen, das aus den Beziehungen der Aktanten untereinander entsteht.[88]

Eine solche Übersetzung in ein neues Handlungsprogramm kann erst stattfinden, wenn mehrere Aktanten eine Beziehung miteinander eingehen, innerhalb derer sie eine Aktion gemeinsam vollstrecken. Im Umkehrschluss bedeutet das: Kein Aktant kann allein verantwortlich gemacht werden. Die Verantwortung für die Aktion ist laut Latours zweitem Konzept, der *Zusammensetzung*, auf beide Aktanten verteilt. Es ist nicht allein die Waffe, die das Erschießen überhaupt ermöglicht, und nicht allein der Schütze, der als Mensch die Entscheidung dazu trifft. Im Falle des Schusswechsels töten weder die Pistole noch der Mensch allein, sondern stattdessen ein Mensch in Verbindung mit einer Waffe. Mediation ist also nicht nur die Übersetzung eines Handlungsprogramms, sondern auch die Verbindung zwischen Aktanten: Hybride, die aus zwei einzelnen (Mensch und Waffe) einen neuen Aktanten entstehen lassen (Mensch plus Waffe).[89]

Die technische Vermittlung in der *Actor–Network Theory* verdeutlicht, wie die den Menschen umgebenden Dinge sein Verhalten beeinflussen können – seien es die makabren Überlegungen um die Schusswaffe, die eine bestimmte Handlungsoption erst ermöglicht, oder die oben genannte Bodenschwelle, die das zu schnelle Fahren erschwert. Bezeichnenderweise lässt sich das französische Wort für Bodenschwelle als »schlafender Gendarm«[90] übersetzen, was die wohl wichtigste Bedeutung der technischen Mediation unterstreicht: die *Delegation*. Tatsächlich hätte die Anwesenheit eines Polizisten und die daraus resultierende Vorsicht des Fahrers wohl einen ähnlichen verlangsamenden Effekt auf das Fahrverhalten. Der Polizist dirigiert diese Aufgabe jedoch an ein Objekt weiter. Die Bodenschwelle als schlafender – oder vielmehr: abwesender – Polizist ersetzt die Notwendigkeit seiner Anwesenheit und delegiert damit ihrerseits eine bestimmte Verhaltensweise an die passierenden Fahrer. Unter dem Konzept der Delegation versteht Latour das »Skript der Technologie«, das in gewisser Weise vorschreibt, wie die Welt zu benutzen ist. Denn Objekten werden bestimmte Verhaltensweisen bewusst inskribiert.[91] In unserem Beispiel ändert sich das Handlungsprogramm des Fahrers in jedem der Fälle. Seine Motivation zur gleichbleibenden Handlung wechselt, während das Ergebnis das gleiche bleibt: In Anwesenheit der Polizei verlangsamt er, um sich ein

88   Ebd., S. 214 ff.
89   Ebd., S. 218.
90   Ebd., S. 226.
91   Verbeek: What Things Do, S. 159 f.

Bußgeld zu ersparen; vor einer Bodenschwelle bremst er stattdessen ab, um seinem Auto Schaden oder ihm selbst die Sensation eines unangenehmen Ruckelns zu ersparen.

Die Fähigkeit der Artefakte zur Delegation besteht also darin, zu einem bestimmten Verhalten einzuladen, indem sie ein anderes erschweren und somit das Handlungsprogramm umschreiben und in ein anderes übersetzen. Ein weiteres Beispiel: Verschiedene Formen von Türen üben durch Delegation ihre technische Mediation aus, wenn sie beispielsweise durch ihre Konstruktion gezielt verhindern, dass man sie offen stehen lässt, sie zu schnell öffnet oder beim Durchgehen zu dicht hintereinander herläuft.[92] Latours bekannteste Parabel ist die des Hotelmanagers, der sich schließlich zur Delegation an den extraschweren Schlüsselanhänger wendet, um seine Hotelgäste zu motivieren, ihre Schlüssel an der Rezeption abzugeben, statt sie aus Versehen mitzunehmen.[93] Ganz unweigerlich und ebenso unbemerkt üben Objekte also bisweilen verhaltensändernden Einfluss auf den Menschen aus. Die Art und Weise, wie Menschen ihre Umwelt wahrnehmen und mit ihr interagieren, materialisiert sich in dem sie umgebenden Netzwerk.

Abb. 07 Im klassischen, schweren Hotelschlüsselanhänger
lässt sich das Konzept der Delegation der ANT erkennen.

92   Ebd., S. 160.
93   Latour: Technik ist stabilisierte Gesellschaft, S. 370 ff.

02 Sehen

Auf der Grundlage der im ersten Teil erfolgten Auseinandersetzung mit der Beziehung zwischen Mensch und Technik kann nun die Gestaltung dieser Beziehung ins Zentrum der Betrachtung rücken. Sie wird durch die Disziplin des Interaktionsdesigns gleichermaßen ermöglicht wie vorgeschrieben. Um sich dieser Gestaltungsaufgabe anzunehmen, entwickelten sich im Laufe der Zeit eine Reihe bis heute gängiger Grundprinzipien, die im Kern auf verschiedenen Wissenschaften beruhen und in die Gestaltungstheorie eingegangen sind. Den wichtigsten wissenschaftlichen Grundlagen für die heutige Gestaltung geht im Folgenden der zweite Teil nach. Anhand dieser Auseinandersetzung versucht er insbesondere, die Bedeutung der visuellen Wahrnehmung für die Disziplin des (Interaktions-)Designs zu beweisen und nachzuvollziehen.

   Vor allem die Erkenntnisse aus der klassischen Kognitionswissenschaft, die schlüssig zur komputationalen Auffassung des menschlichen Bewusstseins führten, nahmen großen Einfluss auf den Diskurs um die Schnittstellen und damit auch auf die praktische Gestaltung derselben. Die Kognitionswissenschaft forschte gezielt danach, wie der Mensch wahrnimmt, woraus das Design dankbar eigene Schlüsse zog. Gestalter verinnerlichten das so entstehende Regelwerk über die menschliche Wahrnehmung und übertrugen es auf ihr Design, das so angenehm und effizient wie möglich mit dem Menschen kommunizieren sollte. Gerade in dieser kommunikativen Eigenschaft wurde neben der menschlichen Wahrnehmung auch die Interpretationsfähigkeit zum wichtigen Forschungsgegenstand. Als verkörperte Bedienungsanleitung für die Welt gründete sich die Semiotik, und insbesondere die sogenannten Anzeichenfunktionen. Aus einer Kombination der wissenschaftlichen Erkenntnisse der Neurologie und des geisteswissenschaftlichen Ansatzes im Diskurs um die Zeichenhaftigkeit von Produkten entwickelte sich der heute kulminierende Visualismus der Disziplin. Analog dazu bildete sich auch ein allgemeines Verständnis für Gestaltungsstandards von Schnittstellen aus, das zu geteilten Praktiken und gemeinsamen Aspirationen in der Disziplin führte und mittlerweile mit eigenen ISO-Normen besiegelt ist. Heute ist der Gestaltungsgegenstand jedoch nicht mehr nur das zwei- oder dreidimensionale Objekt, sondern auch das immaterielle Erlebnis, das unter dem gängigen Begriff der *User Experience* bekannt ist. Nacheinader soll im folgenden Teil dargelegt werden, wie der Mensch wahrnimmt, was er – vermittelt durch Zeichen seiner Umwelt – interpretiert und welche Konsequenzen dies bisher für die Gestaltung von Interaktionen hatte.

02.1 Der Mensch als Computer

Das erste Kapitel endete mit der Konstatierung eines aktuellen Trends: Die Produkte der Alltagswelt lassen durch voranschreitende Technik die Grenze zwischen Mensch und Artefakt verschwimmen – und deuten somit eine Notion beseelter Maschinen an. Im Folgenden werden Konzepte der klassischen Kognitionswissenschaft vorgestellt, die wiederum den Menschen, in der Art wie er Informationen aufnimmt und verarbeitet, als Maschine darstellt. Die nutzerzentrierte Konzeption und Gestaltung von Produkten stellen (ganz offensichtlich) den Nutzer in den Vordergrund. In der Ergonomie-betontheit des Industriedesigns steht hier der menschliche Körper im Fokus. Gestaltet man jedoch für Interaktionen, und damit menschliches Verhalten, muss neben der Physionomie eine weitere Ebene betrachtet werden: das Denken. Erst wenn die wichtige Frage, wie der Nutzer eigentlich denkt, beantwortet ist, kann dementsprechend reagiert und gestaltet werden. Hierin wendet sich die Disziplin des Interaktionsdesigns an die Kognitions-wissenschaften, die im Hinblick auf Forschungen der Neurologie sowie der Psychologie Antworten auf diese Frage zu geben sucht.

Vom Dualismus zum Komputationalismus

Die konzeptionellen Anfänge der klassischen Kognitionswissen-schaft lassen sich bis ins 17. Jahrhundert zurückverfolgen. Hier prägte der französische Naturwissenschaftler, Mathematiker und Philosoph René Descartes den berühmten Satz »Cogito, ergo sum« – »Ich denke, also bin ich« – und stellt darin eine Verbindung zwischen zwei getrennten und von ihm auf-gestellten Kategorien her: dem Körper auf der einen und dem menschlichen Geist auf der anderen Seite. Descartes beschreibt das Bild eines Menschen, der zunächst durch die körperliche, materielle Substanz seiner Sinnesorgane einen Reiz wahrnehme und ans Gehirn vermittele, wo dieser dann auf das Immaterielle des Geistes einwirke.[94] Diese strenge Unterscheidung der »res cogitans« (dem immateriellen Geist) und der »res extensa« (der Materie) in zwei voneinander unabhängige Entitäten wird auch als Kartesianischer Dualismus bezeichnet.[95] Auf ebenjenem Dualismus von Körper und Geist beruhen noch heute, Jahrhunderte später, die Annahmen der klassischen kognitiven Psychologie. Seit etwa 1890 entwickelte sie sich aus der Bewusst-seinsphilosophie schließlich zu einer eigenständigen Wissenschaft.[96]

94   Barthelmeß und Furbach: Körper und Geist, S. 28.
95   Hehl: Was ist Software?, S. 34.
96   Preim und Dachselt: Kognitive Grundlagen, S. 31.

Anders als die Philosophie stellte diese junge Wissenschaft kontrollierte Experimente in den Vordergrund, anhand derer Hypothesen und grundlegende Prinzipien konkreter Wahrnehmungsprozesse des Menschen beobachtet und erforscht wurden.[97] Durch Fortschritte in der medizinischen Bildgebung konnten die auf physikalischen Ereignissen im Nervensystem basierenden kognitiven Prozesse erstmals visuell nachvollzogen werden. Buchstäblich konnte man Probanden beim Denken zusehen, als nach der initialen Wahrnehmung von Umgebungsreizen sichtbar wurde, wie die Informationen durch elektrische Impulse innerhalb des Nervensystems übertragen wurden.[98] Darin begründete sich die Vorstellung (und der allgemeine Leitgedanke der klassischen Kognitionswissenschaft), dass kognitive Funktionen analog zur logischen Arbeitsweise eines Computers entstünden. Die entsprechend dieser Analogie benannte »komputationale Theorie« erlangte in den 1990er-Jahren besondere Beliebtheit, als durch die allmähliche Alltäglichkeit des Computers der konzeptionelle und technologische Hintergrund für ihre Erklärung des menschlichen Geistes vorgelegt war.[99] Tatsächlich beschreibt die komputationale Theorie die Funktionsweise menschlicher Wahrnehmung konform zu der des Computers: »Es gibt einen Input, eine Verarbeitung und einen Output. Analog dazu erhalten wir als Menschen demnach sensorische Informationen, denken darüber nach und verhalten uns entsprechend. Währenddessen laufe die kognitive Verarbeitung wie eine Software auf einer physischen Hardware ab, wobei das Gehirn die Hardware dafür bietet.«[100] Der kartesische Dualismus war damit ins 20. Jahrhundert übersetzt.

  Gerade diese Analogie ins Digitale ließ die klassische Kognitionswissenschaft auch in den Fokus der Forschung zu künstlicher Intelligenz rücken. Wird der menschliche Körper als Hardware und der Geist als Software verstanden, so liegt auch die Vermutung nahe, dass der Geist im Umkehrschluss auf verschiedenen Körpern mit dem gleichen Ergebnis laufen müsste, sei dieser Körper nun menschlich oder maschinell. Tatsächlich machte die KI-Forschung anhand ebenjener Theorie zeitgleich große Fortschritte. »Wenn diese Theorie dazu dient, kognitive Fähigkeiten künstlich umzusetzen, schien ein Transfer zur Erklärung kognitiver Fähigkeiten bei biologischen Organismen naheliegend. So wurden schließlich die Erfolge in der KI zur Stützung der komputationalistischen Theorie angeführt und ihre Übertragbarkeit auf den menschlichen Geist angenommen.«[101] Auch aktuell arbeiten Neurowissenschaftler im »Human Connectome«-Förderprogramm aufbauend auf dieser

97 Fallman: A Different Way of Seeing, S. 54.
98 Preim und Dachselt: Kognitive Grundlagen, S. 31.
99 Weber: Die körperliche Konstitution von Kognition, S. 17 f.
100 Ebd., S 18.
101 Ebd.

Annahme an der Erstellung einer exakten Kartografie des Gehirns – und beschäftigen sich damit aktiv und wissenschaftlich unter anderem auch mit der Frage, ob anhand dieser Daten ein menschliches Bewusstsein digital simuliert werden könnte.[102] Bereits im Jahr 1950 sagte der britische Mathematiker und Computer-Pionier Alan Turing mit seinem berühmten »Imitationsspiel« vorher, dass zur Jahrtausendwende künstliche Intelligenzen so weit entwickelt seien, dass sie in einem digitalen Nachrichtenaustausch nicht mehr von einem Menschen unterschieden werden können. Wenngleich er mit seiner zeitlichen Voraussage falsch lag, stellen sich etwa im Rahmen des Loebner-Preises jährlich verschiedene Systeme dem später nach ihm benannten Turing-Test, in der Herausforderung, die Trennung von Geist und Körper und damit den Siegeszug des technisch Machbaren zu beweisen.[103]

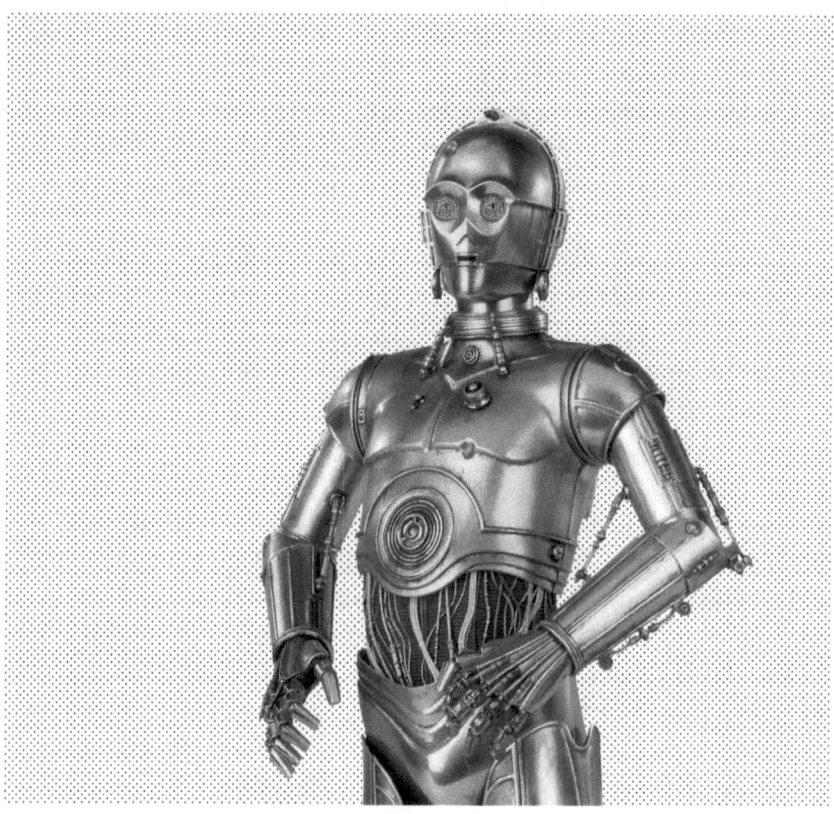

Abb. 08 Eine von zahlreichen Interpretationen des »maschinellen Menschen« ist C-3PO, George Lucas Vision eines humanoiden Roboters aus dem Star Wars Universum.

102   Siehe auch: http://www.humanconnectomeproject.org.
103   Robben: Die Bedeutung der Körperlichkeit für be-greifbare Interaktion mit dem Computer, S. 20.

Kognition für die Gestaltung

Die komputationale Theorie stellt, in der Art wie sie die Verarbeitung von Umweltreizen untersucht und quantifizierbar macht, eine verbreitete Grundlage für die Erstellung von Schnittstellen dar. Viele Lehrbücher zur Konzipierung und Gestaltung interaktiver Systeme gehen detailliert auf die Erkenntnisse der Kognitionswissenschaft ein und bemühen sich, eine Anwendung ihrer Prinzipien zu vermitteln und als ein Maßstab für die Gestaltung zu setzen. Die »angewandte kognitive Psychologie« brachte eine Reihe an Konzepten menschlicher Wahrnehmung hervor, die detailliert verschiedene, für einen realistischen Kontext relevante Funktionsweisen des menschlichen Gehirns darstellen. Unter anderem erfolgt so eine Beschäftigung mit der Aufnahme von Informationen, dem Behalten und Erinnern, dem Interpretieren von Sprache, dem Erkennen von Figuren und Zeichen, der Entscheidung zwischen Alternativen und weiteren Problemlösungsprozessen.[104] Der Fokus liegt hier betont auf den Fernsinnen, also der akustischen und insbesondere der visuellen Wahrnehmung[105]. Zwar erfuhren auch die Prinzipien der Bewegungskoordination viel Aufmerksamkeit, doch auch sie sind nach wie vor stark an den optischen Sinn gebunden. Eine klare Bewertung des Auges als dominierendes Sinnesorgan des Menschen manifestiert sich somit in Theorie und Praxis.

Um im Interaction Design das Verhalten des Nutzers vorherzusehen und darauf basierend auch lenken zu können, wurden eine Reihe von »Gesetzen« entwickelt. Fitts' Gesetz, um hier eines von vielen anzuführen, beschreibt beispielsweise ein Modell der menschlichen Koordination, das für die Vorhersage des Zeitaufwandes einer Interaktion (im Sinne einer Bewegung von einem Startpunkt zu einem Zielbereich) angewandt wird.[106] Als Funktion der Distanz zum Ziel und in Abhängigkeit der Größe des Zieles können Interaktionen berechnet, ausgewertet, verglichen und anschließend optimiert werden. Ein weiteres Prinzip der Effizienz von Informationsverarbeitung und der visuellen Suche wird durch die »prä-attentive Wahrnehmung«[107] beschrieben. In ihrem Rahmen wird analysiert, wann Gesehenes mühelos Aufmerksamkeit erregt (dem Betrachter also in die Augen springt) und wann ein Objekt stattdessen eher in einer Masse anderer untergeht. Die rotgezackten Linien, die auch beim Verfassen dieses Textes von der Autokorrektur unter fehlerhafte Worte gesetzt werden, sind ein Beispiel der Anwendung dieses Gesetzes im Alltag unzähliger Menschen. Mithilfe der Erkenntnisse

104   Preim und Dachselt: Kognitive Grundlagen, S. 31.
105   Ebd.
106   Fallman: A Different Way of Seeing, S. 54.
107   Preim und Dachselt: Kognitive Grundlagen, S. 48.

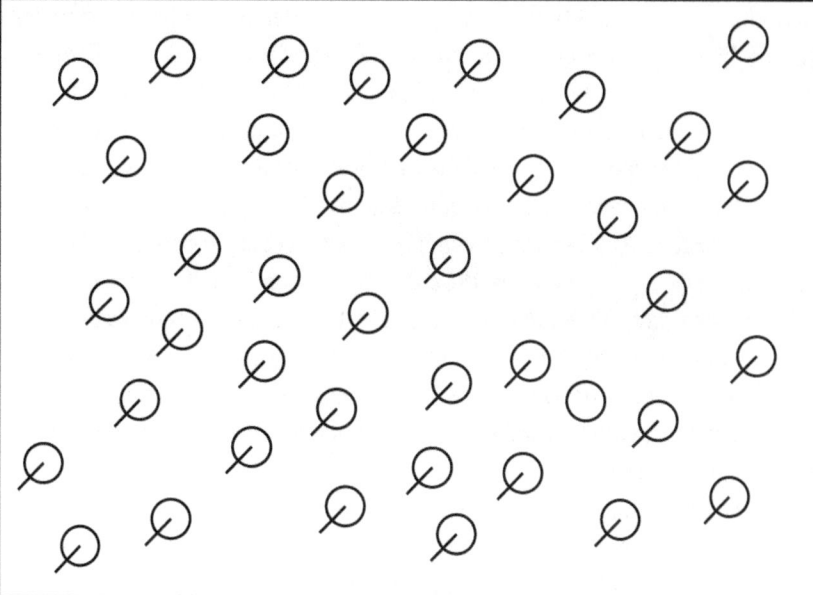

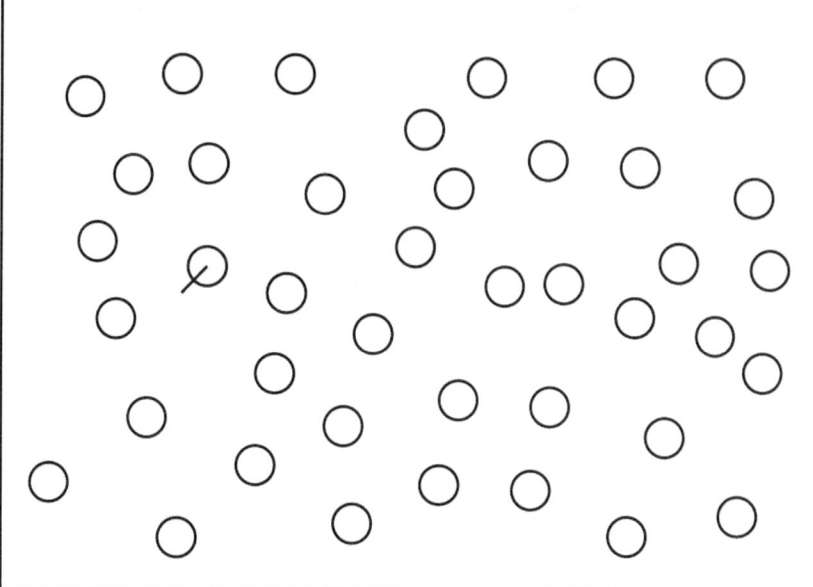

Abb. 09 Im unteren Beispiel für prä-attentive Wahrnehmung
springt das individuelle Objekt sofort ins Auge, während die
obenstehende Grafik hingegen visuelle Suche erfordert.

der Kognitionswissenschaft, experimentartiger Tests in Laboren und deren Anwendung im Alltag werden Prozesse beschleunigt, Aufwand verringert und die Effizienz erhöht.

Insbesondere in der Gestaltung für digitale Medien kommt den kognitiven Grundlagen ein hoher Stellenwert zu, doch die Erkenntnisse der Kognitionswissenschaft bilden für praktisch alle zwei- und dreidimensionalen Designobjekte mehr oder weniger deutlich Parameter. Sie sollen die Bedienung von Produkten erleichtern (den Fragen folgend, ob beispielsweise Bedienelemente entsprechende Klarheit besitzen) oder sich hingegen sogar mit dem subjektiven Gefallen an Objekten beschäftigen (und damit Regeln der Harmonie aufstellen). Das Resultat der Hinwendung der kognitiven Psychologie zum visuellen Harmonieempfinden war schließlich die Entstehung der Gestaltpsychologie, die auf Christian von Ehrenfels und seinen bekannten gestaltpsychologischen Lehrsatz »Das Ganze ist mehr als die Summe seiner Teile« zurückgeht. Er unternahm den Versuch, über die Gestalt wertende Gesetze zu entwickeln, die eine »Gestalthöhe« nach Einheit und nach Mannigfaltigkeit beurteilen – Ordnung und Komplexität als Kriterien für gute Gestalt(ung).[108]

Unter starkem Einfluss des Schaffens von Ehrenfels wurden in der »Berliner Schule« in den 1930er-Jahren schließlich die wichtigsten Beiträge zur Wahrnehmungs- und Denkpsychologie entwickelt. Als Ergebnis umfangreicher Untersuchungen hielten Max Wertheimer, Wolfgang Köhler sowie Kurt Koffka über einhundert Organisationsprinzipien zur Anordnung von Informationen sowie zur Farb- und Formwahl fest, die als Gestaltgesetze internationale Anerkennung fanden und unbestreitbar noch bis heute finden.[109] Ihrer Analyse zugrundeliegend waren unter anderem die Fragen, wann Information als zusammengehörig wahrgenommen wird, wodurch die korrekte und schnelle Wahrnehmung von Informationen begünstigt wird und durch welche Wirkungsweisen optische Täuschungen entstehen.[110] »An diesen wird gezeigt, wie sich in der Wahrnehmung so genannte Ganzheiten bilden. Diese Gestaltgesetze bilden auch heute noch wichtige Grundlagen beim Entwerfen und Erzeugen ganzheitlicher Wahrnehmungseindrücke. Sie kommen im Design insbesondere bei den formalästhetischen Funktionen sowie den Anzeichenfunktionen zur Anwendung«, erläutert der Designtheoretiker Bernhard E. Bürdek, macht im Anschluss aber auch gleich deutlich, dass die Gestaltgesetze ohne spezifische Bedeutung und damit als rein formelle Instrumente noch keine Hinweise auf die Gesamtbeurteilung eines Designobjektes geben

108   Bürdek: Design. Geschichte, Theorie und Praxis der Produktgestaltung, S. 299 f.
109   Ebd., S. 300 f.
110   Preim und Dachselt: Die Interaktion mit Alltagsgeräten, S. 155.

können: »Ohne die semantische Dimension verbleiben sie für sich alleine
genommen auf der Ebene des Formalismus.«[111] Die Ehrenfels'schen Kategorien
von Ordnung und Komplexität stießen in Verbindung mit den Gestaltgesetzen der Berliner Schule schließlich die Verfassung formalästhetischer
Theorien an der Hochschule für Gestaltung Offenbach an.[112] Insbesondere aufgrund ebenjener von Bürdek bemängelten Bedeutung verschrieb sie sich der
Entwicklung eines Modelles der Produktsemantik, die im folgenden Kapitel
näher beleuchtet werden soll.

      An dieser Stelle würde eine detaillierte Auseinandersetzung mit den
aus der Kognitionswissenschaft sowie ihren Forschungszweigen entstandenen
Erkenntnissen und ihrer konkreten Anwendung auf das Design zu weit führen.
Festzuhalten ist, dass sie als Ergebnisse der klassischen Kognitionsforschung
jedoch alle an die ursprüngliche Idee des Dualismus von Körper und Geist
anlehnen, der das rationale Denken als auf Repräsentationen beruhend und
differenziert vom körperlichen Erleben begreift. Im Fokus der Untersuchungen
und Experimente stehen vor allem die Aufmerksamkeit und das als auffallend
Wahrgenommene – sie konnten dem Design wichtige Hinweise hinsichtlich
des Erreichens von möglichst hoher Effizienz von Interaktionen liefern. Doch
sowohl die Erkenntnisse der Informationsübertragung im Gehirn als auch die
Untersuchungen über das Sehen und die Gesetze der Harmonielehre können
mit all ihrer Wissenschaftlichkeit nicht als die alleinige Entwurfsgrundlage für
interaktive Systeme angesehen werden.

02.2 Zeichen sehen, Zeichen deuten

      Ein ursprünglich ebenfalls aus der Gestaltpsychologie stammender
Begriff hat vor allem durch die Integration des Designtheoretikers Donald
Norman einen hohen Stellenwert im Produktdesign, insbesondere im Hinblick
auf die Interaktionen mit Produkten, erfahren. Der Psychologe James J. Gibson
prägte in seinem 1979 erschienenen Buch »Wahrnehmung und Umwelt« das
Konzept der *affordances*[113] – und schuf hiermit eine Überleitung von dem, wie
wir wahrnehmen, zu dem, was wir wahrnehmen.

---

111   Bürdek: Design. Geschichte, Theorie und Praxis der Produktgestaltung, S. 301.
112   Ebd., S. 302.
113   Norman: The Design of Everyday Things, S. 12.

Der Angebotscharakter

Gibson betrachtet weniger die kognitive Verarbeitung als vielmehr die Interaktion des Wahrnehmenden mit bestimmten Eigenschaften der Umwelt. Sein Begriff der *affordances* lässt sich nicht direkt ins Deutsche übersetzen, einige Versuche sind die Worte »Angebotscharakter«, »handlungs-auffordernde Gegebenheit« oder schlicht die Übertragung des englischen Begriffes in das neue Wort »Affordanz«. Zugrunde liegt die Annahme, dass Menschen ebenso wie Tiere ihre natürliche Umwelt nach dem objektiven Potential für bestimmte Handlungsmöglichkeiten beurteilen. Auf dieselbe Weise, wie Menschen auf einer Wanderung unwillkürlich abschätzten, ob ein bestimmter Weg ihnen als begehbar erscheint, beurteile beispielsweise auch eine Katze, ob sich auf ein bestimmtes Objekt springen ließe oder nicht.[114] »The term affordance refers to the relationship between a physical object and a person (or for that matter, any interacting agent, whether animal or human, or even machines and robots). An affordance is a relationship between the properties of an object and the capabilities of the agent that determine just how the object could possibly be used«[115], definiert Norman den Begriff der Affordanz. Er umfasst demnach alle potentiellen Handlungsoptionen inner-halb der Beziehung zwischen einem Handelnden und einem Objekt, seien sie nun explizit für die entsprechende Handlung gestaltet oder intuitive Konsequenzen von *Non Intentional Design*, welches vorher nicht wahr-genommene Affordanzen zu Tage bringt.

Gibson, der ursprünglich aus der Gestaltpsychologie stammend schließlich seinen eigenen Zweig für einen »ökologischen Ansatz der visuellen Wahrnehmung«[116] begründete, und Norman, ein ehemaliger Ingenieur, der, um die Gestaltung von Gegenständen zu verstehen, schließlich Kognitions-psychologe wurde, haben jedoch widersprüchliche Auffassungen von Affordanzen – sie unterscheiden sich in Bezug auf die Interpretationsleistung des jeweils Wahrnehmenden. J. J. Gibson argumentiert, dass alle Sinne zusammenspielen und natürlich, ohne weitere Interpretation, die Abschätzung der Handlungsmöglichkeiten im Bewusstsein entstehen lassen. Alle Infor-mationen seien in der Welt bereits vorhanden und Mensch oder Tier nähmen sie durch »direkte Perzeption« unvermittelt auf. Donald Norman argumentiert demgegenüber, dass alle über die Sinnesorgane wahrgenommenen Informationen zu einer entsprechenden Interpretation zunächst verarbeitet

114   Preim und Dachselt: Die Interaktion mit Alltagsgeräten, S. 137.
115   Norman: The Design of Everyday Things, S. 11.
116   Bürdek: Design. Geschichte, Theorie und Praxis der Produktgestaltung, S. 303.

werden müssten. In diesem Sinne ergänzt er das Konzept der *affordances* um die *signifiers*, die den Nutzern die existierenden Handlungsoptionen in ihrer Funktion als Zeichen erst kommunizieren.[117]

Den Bedarf an der Definition solcher auf Affordanzen hinweisenden Zeichen verdeutlicht bereits die Komplexität des Konzeptes an sich, das seinerseits verschiedene Definitionen umfasst. Die meiste Anerkennung findet dabei der Begriff der *percebtible affordances*, durch den eine Unterscheidung zwischen den realen und den wahrnehmbaren Affordanzen vorgenommen wird. Während erstere sich auf alle tatsächlichen Handlungsmöglichkeiten beziehen, täuschen wahrnehmbare Affordanzen bisweilen durch das, was erkennbar ist. Sowohl die realen als auch die wahrnehmbaren Affordanzen des Produktes werden vom Designer definiert – und sollten einander entsprechen, um Missverständnisse in der Benutzung zu vermeiden. Werden Affordanzen durch den Nutzer eines Objektes nicht erkannt (und sind damit nicht wahrnehmbar), dann handelt es sich um versteckte, also *hidden affordances*, die den vollen Funktionsumfang eines Produktes unterschlagen. Wird wiederum eine wahrnehmbare (*percebtible*) Affordanz vom Nutzer an andere Stellen interpretiert, als vom Designer vorgesehen, handelt es sich sogar um eine falsche Affordanz (*false affordance*), die bisweilen zerstörerische Auswirkungen haben kann, wenn beispielsweise Produktteile durch eine zu starke Bewegung in eine falsche Richtung zerbrechen.[118] Auch um solcher Fehlbedienung vorzubeugen, stehen den Affordanzen die *constraints* gegenüber. Gewissermaßen als Anti-Affordanzen erleichtern sie durch die bewusste physische Einschränkung von Freiheitsgraden die Bedienung und schließen potentielle Fehler aus. Ein Beispiel für recht offensichtliche Einschränkungen sind Legosteine, die sich physisch nur schwer falsch verbinden lassen. Besondere Relevanz findet das Konzept der *constraints* auch dann, wenn es um die Sicherheit der Nutzer geht. So ist im Auto der Rückwärtsgang nur aus dem Stand bzw. bei sehr langsamer Fahrt einzulegen, um ungewollte und lebensgefährliche Richtungswechsel sowie Getriebeschäden zu vermeiden. Ebenso wenig lassen sich beispielsweise elektrische Stecker nicht falsch herum zusammenführen, um Verletzungen und Schäden vorzubeugen.[119]

In der Verwirrung um den Begriff der wahrgenommenen Affordanzen, der in der Design-Praxis häufig anders als von Norman intendiert angewandt wurde, erarbeitete er in der Neuauflage seines ursprünglich 1988 erschienen Buches »The Design of Everyday Things« schließlich das Konzept der *signifiers*. »Affordances exist even if they are not visible. For designers, their

---

117   Norman: The Design of Everyday Things, S. 12 f.
118   Gaver: Technology Affordances, S. 80 f.
119   Norman: The Design of Everyday Things, S. 125.

visibility is critical: visible affordances provide strong clues to the operations of things. [...] Perceived affordances help people figure out what actions are possible without the need for labels or instructions. I call the signaling component of affordances signifiers.«[120] Auf ihrer methodischen Ebene lehnt die Analyse der Affordanzen und der ihnen anhängenden *signifiers* an die Produktsemiotik an, die im Folgenden erläutert wird.

Semiotik

Die wachsende Komplexität der Anforderungen an das Design im vergangenen Jahrhundert – durchaus durch technische Fortschritte bedingt, die dann ihrerseits weitreichende soziale und ökonomische Folgen hatten – befeuerte das Streben nach einer Designmethodik. »Nach dem Zweiten Welt- krieg setzte in den europäischen Industrieländern ein intensiver wirtschaft- licher Aufschwung ein, wobei sich der Wettbewerb in den marktwirtschaftlich geprägten Ländern rasch zu einem internationalen Konkurrenzkampf verschärfte – heute spricht man dabei von Globalisierung. In dieser Situation musste sich auch das Design den veränderten Bedingungen anpassen, das heißt, es konnte nicht weiterhin subjektive und emotionale Gestaltungs- methoden praktizieren, die der Werkkunst-Tradition entstammten, während die Industrie dabei war, Entwurf, Konstruktion und Produktion zu rationalisieren.«[121] Hochmotiviert wurden unter Einbeziehung von Erkennt- nissen verschiedener Geisteswissenschaften die Disziplin analysiert und Methoden formuliert, die einem ständigen Entwicklungsprozess unterworfen waren. Design wurde lehrbar, erlernbar und kommunizierbar, insbesondere gegenüber dem wichtigen Verhandlungspartner Industrie.[122] Der Kommuni- kation, allerdings im Sinne der kommunikativen Eigenschaften des Design- gegenstandes selbst, kam in der Formulierung dieser Methodik eine immense Bedeutung zu.

In den 1970er-Jahren fand der Begriff der Produktsprache erstmals bei Gert Selle Verwendung.[123] Wie das Konzept der Affordanzen beleuchtet auch die Produktsprache, die Designsemiotik oder auch die *Product Semantics*, was ein Produkt über sich selbst aussagt. Die Produktsemiotik betrachtet Design als eine Disziplin, die nicht nur materielle Realität erzeugt, sondern darüber hinaus insbesondere kommunikative Funktionen erfüllt.[124] Mit Design als einer Sprache des Alltags sind Objekte somit nicht

120   Ebd., S. 13.
121   Bürdek: Vom Mythos des Funktionalismus, S. 226.
122   Bürdek: Design. Geschichte, Theorie und Praxis der Produktgestaltung, S. 226.
123   Bürdek: Über Sprache, Gegenstände und Design, S. 12.
124   Bürdek: Design. Geschichte, Theorie und Praxis der Produktgestaltung, 230.

nur Funktionsträger, sondern insbesondere auch Informationsträger.[125]
Anders als in der Nachrichtentechnik ist ein entscheidendes Merkmal in der
Beschäftigung mit Semiotik, dass Informationen nicht übertragen, sondern
konstruiert werden müssen.[126] Es gibt also keine Eindeutigkeit in der
Auslegung der Informationen, sondern immer nur unterschiedliche Interpretationen der verschiedenen Rezipienten. In diesem Sinne einhergehend
mit Don Normans Auffassung der Zeichenhaftigkeit von Objekten umfasst
die Produktsemiotik jedoch weit mehr als nur die für Norman und
Interaktionen relevanten *signifiers*.

    Die Ursprünge der Semiotik gehen bis in das antike Griechenland
zurück, in der die Diagnose und Prognose in der Medizin durch das Deuten
von Zeichen beschrieben wurde. Schon auf Platon geht die Unterscheidung
zwischen dem Zeichen (*semeion*), der Bedeutung dieses Zeichens
(*semainómenon*) und dem Objekt (*pragma*) als sein Träger zurück.[127] Als
Begründer der Semiotik als Wissenschaft im ausgehenden 19. Jahrhundert
gilt Charles Sanders Peirce, der diese Dreiteilung wieder aufnahm. Seine
»triadische Relation« beschreibt das Verhältnis zwischen Zeichen, Objekt und
Interpret. Besonders betont Pierce darin den relativen Charakter der Zeichen,
also ihre Existenz ausschließlich in der Beziehung zwischen einem Interpreten
und einem Objekt.[128] Zu Beginn der 1970er-Jahre knüpften Jean Baudrillard
und Umberto Eco unter anderem an die Überlegungen von Peirce an und
begründeten schließlich die semiotisch fundierte Designtheorie, indem
sie semiotisch-strukturalistische Methoden auf die Analyse des Alltäglichen
anwandten[129]: »Wenn Dinge, mit denen sich der Mensch umgibt, sprechen,
so berichten sie über den Besitzer, über dessen Werte, Wünsche und
Hoffnungen.«[130] Die Zeichenhaftigkeit eines Objektes ist damit viel reicher, als
lediglich eine verkörperte Bedienungsanleitung durch Interpretation von
Anzeichen. Stattdessen lassen sich Informationen über den Besitzer, den Hersteller und den Zeitgeist interpretieren. In dieser Aussagefähigkeit wohnt Produkten eine Funktion inne, die über ihren offensichtlichen Zweck hinausgeht.

    Baudrillard unternimmt eine entsprechende Trennung in
primäre und sekundäre Funktionen eines Produktes.[131] Ein beliebtes Beispiel
zur Erklärung der unterschiedlichen Funktionen für einen Designgegenstand
ist der Stuhl, dessen primäre Funktion ist, dass Menschen darauf sitzen
können. Die Bedeutung der sekundären Funktion eines Stuhls wird anhand

125   Selle in: Arndt: User Experience, 74.
126   Bürdek: Design. Geschichte, Theorie und Praxis der Produktgestaltung, 238.
127   Ebd., S. 233.
128   Ebd., S. 233 f.
129   Ebd., S. 235 f.
130   Ebd.
131   Ebd., S. 239.

der Vorstellung von einem Thron deutlich. Auch er ist ein Stuhl zum Sitzen, doch in seiner Ausführung und Funktion als Statusobjekt ist er so besonders, dass das eigentliche Sitzen eher zweitrangig zu sein scheint. Anhand von Büro-stühlen, die für langes Sitzen stets sehr ergonomisch konzipiert sind, lässt sich die Vorstellung von sekundären Funktionen ebenfalls veranschaulichen. Trotz eines durchgängig hohen Komfortlevels unterscheiden sie sich je nach Nutzer stark, womit sie sich durch ihre visuellen Zeichenwerte klar der Chefetage oder dem Großraumbüro zuordnen lassen.

Umberto Eco unternimmt eine ähnliche Trennung wie Baudrillard, spricht aber statt von primären und sekundären von denotativen und konnotativen Eigenschaften eines Objektes. Die Denotation des Stuhles beim Empfänger der Botschaft ist ebenfalls: Dies ist eine Sitzgelegenheit. Die konnotativen Funktionen kumulieren, wie beim Thron verdeutlicht, alle Asso-ziationen, die in einer Gesellschaft ausgehend von einem Zeichen aufkommen können.[132] Ecos Begriff der Denotation wohnt allerdings eine kommunikative Funktion inne, die über Baudrillards Verständnis der primären Funktion eines Gegenstandes hinausgeht. Ein Objekt *denotiert*, wie es zu benutzen ist, und *konnotiert* seine sekundären Funktionen, die es auch als Ganzes zum Symbol werden lassen.[133] »This semiotic perspective, in which products are viewed as bearers of signs, plays an extremely important role in current industrial design. Industrial designers appear to approach not only the meaning of products but also their functionality in terms if signs and, conversely, to regard a product's ability to bear signs as a form of functionality.«[134] Aus semiotischer Perspektive ist die Voraussetzung dabei, dass Kommunikation – als Sendung von Botschaften – stets auf der Grundlage von Codes funktioniert, die sowohl der Sender als auch der Empfänger kennen muss. Bei der Anwendung und der Interpretation der Zeichen wird also auf frühere Erfahrungen oder kulturelle Konventionen zurückgegriffen.[135]

Wie Dinge sprechen

Ein bis heute gültiges und weit anerkanntes Modell für Produktfunk-tionen verfasste Jochen Gros, Professor für Designtheorie an der Hochschule für Gestaltung in Offenbach. Aufbauend auf der Arbeit des tschechischen Literaturtheoretikers Jan Mukařovský, der in der Analyse von Kunstwerken einen neuen Funktionsbegriff schuf, begann Gros' Auseinandersetzung mit der Produktsprache schon 1973 in Form einer Kritik am Funktionalismus – und

132   Ebd., S. 236 f.
133   Verbeek: What Things Do, S. 205 f.
134   Ebd., S. 206.
135   Bürdek: Design. Geschichte, Theorie und Praxis der Produktgestaltung, S. 236 f.

seiner entsprechenden eigenen Ergänzung »Erweiterter Funktionalismus und Empirische Ästhetik«.[136] Zehn Jahre später entwickelte Gros den erweiterten Funktionalismus zu einer Theorie der Produktsprache und damit schließlich zum bekannten »Offenbacher Ansatz« weiter[137].

Ähnlich wie Mukařovskýs Modell zeichnet sich auch Gros' Modell der Produktfunktionen vor allem durch eine detaillierte Gliederung der verschiedenen Funktionen aus. Im Offenbacher Ansatz stehen auf einer ersten Ebene die produktsprachlichen Funktionen den praktischen Funktionen gegenüber. Die von Baudrillard als primär und sekundär bezeichneten Kategorien verhalten sich in Gros' Modell allerdings ohne Hierarchie zueinander. Die produktsprachlichen Funktionen lassen sich jedoch auf einer zweiten Ebene in weitere Unterkategorien aufteilen: in formalästhetische Funktionen einerseits und zeichenhafte Funktionen andererseits. In ersteren drücken sich alle objektiven, die Gestalt betreffenden Eigenschaften eines Objektes aus. Ihre Beschreibung erfolgt nüchtern, denn nur in der zweiten Kategorie der Symbolfunktionen erfolgt eine Interpretationsleistung.

Hier nimmt der Offenbacher Ansatz jedoch noch eine weitere Teilung vor, die insbesondere für die auf Interaktionen ausgelegte Gestaltung von Produkten von Bedeutung ist. Auf einer dritten Ebene äußern sich die zeichenhaften Funktionen entweder als sogenannte Symbolfunktionen, die Auskunft über den kulturellen Gehaltwert eines Produktes geben, oder als Anzeichenfunktionen. Diese (in Normans Worten) *signifiers* geben konkrete Hinweise zur Bedienung eines Produktes. [138] Zu ihrer Unterscheidung von den Symbolfunktionen schreibt Gros: »Anzeichen kündigen uns ihre Gegenstände an, während Symbole uns dazu bewegen, ihre Gegenstände sich vorzustellen. [...] Während Anzeichen beim Betrachter ein bestimmtes Verhalten gegenüber dem Produkt hervorrufen, rufen Symbole ein Verhalten gegenüber Vorstellungen hervor. [...] Symbole kündigen uns nicht technische Merkmale oder praktische Produktfunktionen an, sie verweisen vielmehr auf darüber hinausgehende, d. h. auf kulturelle, historische, soziale usw. Bezüge. [...] Als Symbole (Symbolfunktionen) bezeichnen wir diejenigen zeichenhaften Funktionen, die unabhängig vom unmittelbaren Vorhandensein des Bezeichneten wirken, die also mit einer Vorstellung assoziiert sind.« [139] Wie bereits dargelegt, beruhen dabei alle zeichenhaften Funktionen auf den Erfahrungswerten der Anwender, welche die Rezipienten von Codes sind. Für sämtliche in dem Modell benannten Funktionen gilt zudem ihre Gleichzeitigkeit sowie ihre Unvermeidbarkeit: Jedes Designobjekt erfüllt, ob vom

---

136   Arndt: User Experience, S. 67.
137   Ebd., S. 73.
138   Ebd.
139   Jochen Gros, zitiert nach: Arndt: User Experience, S. 73.

Gestalter intendiert oder nicht, zugleich praktische, symbolische und formalästhetische Funktionen, die unweigerlich interpretiert werden können.[140]

    Das von Gros formulierte Modell der Produktfunktionen ist
spätestens seit Ende der 1970er-Jahre allgemein anerkannt und entspricht
den nahezu identischen Formulierungen vieler weiterer Autoren. Horst
Oehlke kategorisiert Produktfunktionen im Jahr 1992 mit etwas anschau-
licheren Titeln als »praktisch-instrumentell«, »sinnlich-ästhetisch« und »sozial-
kommunikativ«.[141] Auch Don Norman unterscheidet in seinem Buch »Emotional
Design« von 2004 schließlich zwischen den drei verschiedenen Ebenen der
Informationsverarbeitung im Kontext zwischen einem Nutzer und einem
Produkt. Dabei stellt Norman statt der Analyse des Artefaktes die Intention des
Designers in den Vordergrund. Er trifft eine entsprechende Unterscheidung
zwischen *visceral design*, das der Erfüllung der formalästhetischen Funktionen
entspricht, *behavioural design*, bei dem die reine Nutzung im Vordergrund
steht und *reflective design*, das die Symbolfunktionen adressiert.[142]

---

140   Arndt: User Experience, S. 71.
141   Ebd., S. 73.
142   Norman: The Design of Everyday Things, S. 49 f.

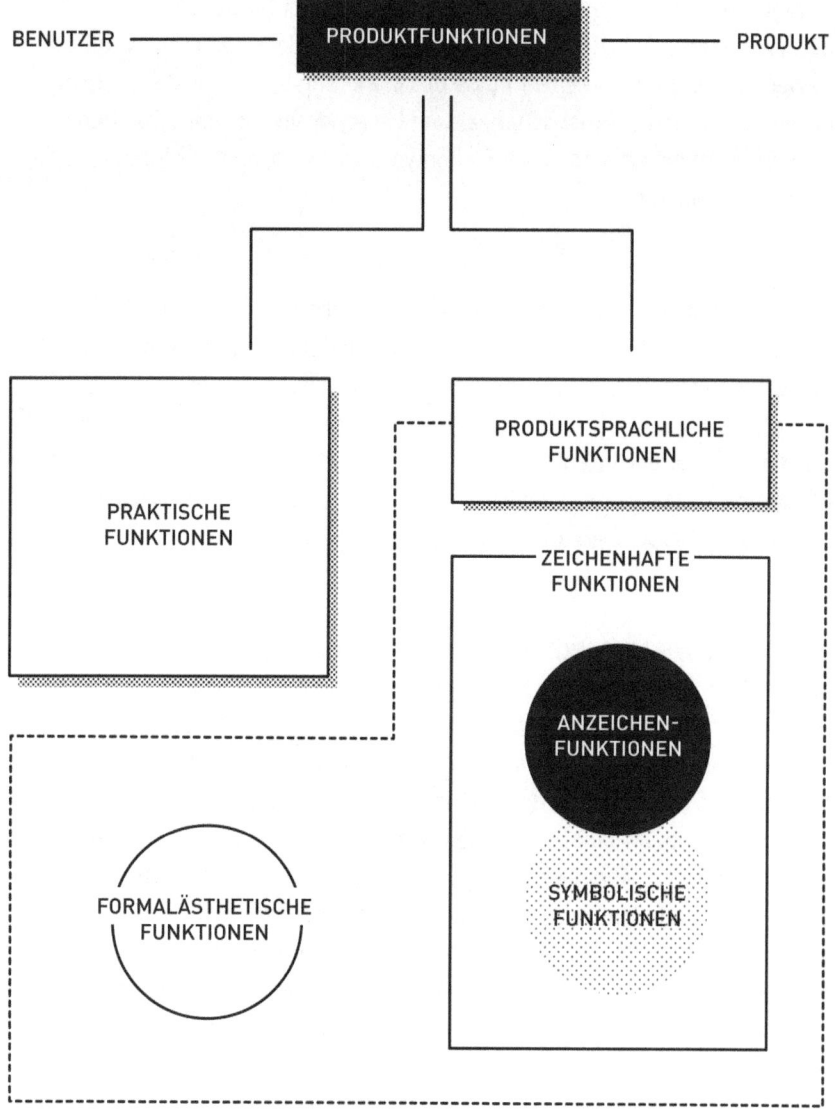

Abb. 10 Modell der Produktfunktionen nach Jochen Gros

Trotz seiner breiten Anerkennung und Aufnahme in zahlreiche weitere
Theorien ist der Offenbacher Ansatz einiger Kritik ausgesetzt. Während
Mukařovskýs Modell zur Interpretation von Kunstwerken ursprünglich die
dynamischen Wechselbeziehungen der einzelnen Funktionen anerkennt,
beanstandet der Designtheoretiker Bürdek den Offenbacher Ansatz demgegenüber als zu starr und dadurch kaum erfüllbar.[143] Zudem ist dem Modell
vorzuwerfen, den unmittelbar sinnlichen Eigenschaften eines physischen
Objektes nicht gerecht zu werden, da es visuelle Zeichen weit über andere
Sinneseindrücke stellt. Die Betrachtungsweise von Produkten aus einer
semiotischen Perspektive macht ihre visuelle Zeichenhaftigkeit und damit
ihren repräsentativen Charakter deutlich: Insbesondere durch die wett-
bewerbsbedingten starken Einflüsse des Marketing auf die Gestaltung von
Produkten wird ihrer Eigenschaft, als auf Lifestyles verweisende Zeichen
zu dienen, oft ein ebenso hoher Stellenwert zugesprochen wie ihrem
praktischen Nutzen.

02.3 Aus Erfahren wird User Experience

Die Digitalisierung und die zugrundeliegende Miniaturisierung
führten zu einem Wandel der Wertigkeit des physischen Artefaktes und damit
zur Entstehung einer Disziplin, die sich weniger auf das Materielle als vielmehr
auf die immaterielle Interaktion zwischen dem Menschen und einem System
konzentrierte. Dabei kann die Perspektive der *User Experience* Rückschlüsse
sowohl auf physische als auch auf digitale Produkte bieten.

Nützlichkeit, Nutzen, Nutzbarkeit und Freude

In seiner Betonung der kommunikativen Beziehung zwischen einem
Artefakt und seinem Interpreten ist es naheliegend, das Modell der Produktfunktionen auch in die Disziplin der *User Experience* – und damit vom
Industriedesign in die Welt der eher immateriellen Interaktionen – zu übersetzen. So stellte im Jahr 1993 Jakob Nielsen eines der ersten umfassenden
nutzerzentrierten Modelle der *User Experience* auf. Nimmt er in »Attributes of
System Acceptability« auch selbst keinen direkten Bezug auf den Erweiterten
Funktionalismus von Jochen Gros, so zieht Henrik Arndt in seinem der Betrachtung von Interaktionen gewidmeten Handbuch »Informationsarchitektur«
dennoch deutliche Parallelen zwischen beiden Modellen. In seiner Definition
unterscheidet Nielsen zunächst zwei grundlegende Bestandteile der allgemeinen Nützlichkeit eines Produktes: Sie setzt sich zusammen aus seinem

---

143 Bürdek: Vom Mythos des Funktionalismus, S. 295.

Nutzen auf der einen und seiner Nutzbarkeit auf der anderen Seite. Während der Nutzen eines Systems beschreibt, inwiefern ein bestimmtes praktisches Bedürfnis seines Benutzers erfüllt werden kann, beurteilt die Nutzbarkeit dagegen den Aufwand, den der Nutzende hat, um dieses Bedürfnis zu erfüllen.[144] Darin macht Arndt eine Trennung von Effektivität und Effizienz aus: »Es ist überraschend, dass diese Differenzierung der praktischen Funktionen nicht auch bereits Bestandteil der Modelle der Produktfunktionen ist, wo sie doch im Industrial Design schon alleine wegen der großen Zahl sehr ähnlicher Produkte, die dem Nutzer für die Erfüllung eines einzelnen Bedürfnisses zur Verfügung stehen, eine besondere Relevanz hat.«[145] Der Vergleich beider Modelle führt also mitunter zu neuen Perspektiven.

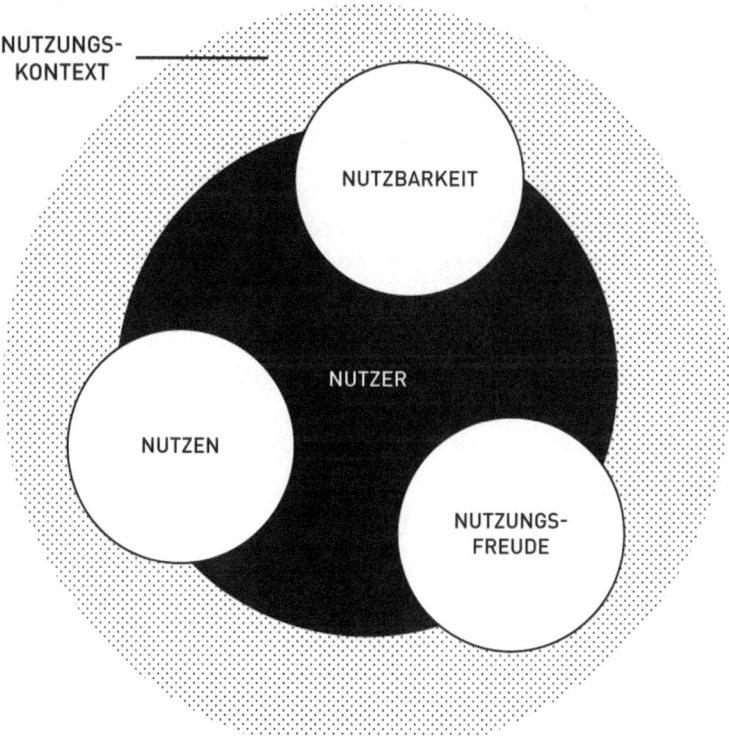

NUTZUNGS-
KONTEXT

NUTZBARKEIT

NUTZER

NUTZEN

NUTZUNGS-
FREUDE

Abb. 11 Modell der User Experience nach Hendrik Arndt (2006).

144   Arndt: User Experience, S. 77 f.
145   Ebd., S. 78.

Nielsens Trennung der praktischen Funktionen in Nutzen und Nutzbarkeit folgend sind die von Gros definierten Anzeichenfunktionen aus Perspektive der *User Experience* der Nutzbarkeit zuzuordnen, weil sie als direkte Bedingung für die Benutzbarkeit der primären Funktion stehen. Damit verbleibt noch die Einordnung der Symbolfunktionen sowie der formalästhetischen Funktionen, die Henrik Arndt wiederum in seinem Modell der *User Experience* als Nutzungsfreude, der *Joy of Use*, zusammenfasst. Weil Freude auf den ersten Blick weder für den Nutzen selbst noch für seine Bedingung steht, kategorisiert Arndt damit zunächst eine – im praktischen Sinne – nutzlose Funktion. Er bezieht sich dabei nämlich nicht auf die Freude als Folge einer erfolgreichen, praktischen Nutzung, sondern stattdessen auf die Freude als reinen Selbstzweck.[146] Aus den zwei Säulen der Nützlichkeit wurden damit drei Elemente der *User Experience*: Der Nutzen, die Nutzbarkeit und die Nutzungsfreude. »Eine interaktive Anwendung hat immer irgendeinen Nutzen, ist immer in irgendeiner Weise nutzbar, und bietet immer einen gewissen Grad an Nutzungsfreude – auch wenn eines oder mehrere dieser Elemente nicht bewusst konzipiert oder gestaltet werden.«[147] Wie im Modell von Gros gelten für diese drei Elemente der *User Experience* also die Unvermeidbarkeit sowie die Gleichzeitigkeit, und dabei untersteht auch die Abfolge ihrer Erfüllung keiner Hierarchie.[148]

     Je nach Kontext kann sich die Gewichtung dieser drei Eigenschaften einer Anwendung selbstverständlich unterscheiden. In bestimmten Szenarien widersprechen sich die Elemente sogar. Der französische Schriftsteller und Philosoph Jean-Paul Sartre beschrieb beispielsweise die Freude an einem Fußballspiel, das sich durch die Anwesenheit der gegnerischen Mannschaft erst verkompliziere. Arndt überträgt Sartres Zitat auf die Analyse interaktiver Produkte: Der Nutzen (den Ball untereinander und schließlich ins Tor abzuspielen) führt letztendlich erst durch die erschwerte Nutzbarkeit (die gegnerische Mannschaft) zur Spielfreude.[149] Zwischen Nutzen und Nutzbarkeit lassen sich deutliche Gegensätze ausmachen. So kann eine Applikation mit sehr eingeschränktem Nutzen auch bei perfekter Nutzbarkeit schlicht unnütz sein. Andersherum kann ein zu umfangreicher Nutzen eines komplexen Systems zu einer eingeschränkten Nutzbarkeit führen. Den wachsenden technischen Möglichkeiten entspringt vor allem Komplexität, welche die entscheidende Herausforderung für den Designer darstellt. Der gegebene und gewünschte Funktionsumfang lässt eine Reduzierung der Komplexität nicht zu, sodass es stattdessen zum Ziel wurde, die Komplexität

146   Ebd., S. 78 ff.
147   Ebd., S. 80.
148   Ebd.
149   Ebd.

zu verschleiern. Die Entscheidung, wem sie sich offenlegt, dem Nutzer oder dem Entwickler, scheint in Zeiten mit einem so klaren Fokus auf die *User Experience* logisch. Das Beispiel des minimalistischen Interfaces der Such-maschine Google zeigt dieses Prinzip auf: Ein einzelner, einfacher Texteingabe-balken versteckt die ausgesprochen komplexe Technologie dahinter.[150]

The Five E's

Die große Zahl an interaktiven Produkten führte unweigerlich zur Formulierung allgemeiner Gestaltungsziele, die eine möglichst angenehme *User Experience* gewährleisten sollen. Der Interaktionsforscher Daniel Fallman vom renommierten Umeå Institut in Schweden stellt diesbezüglich die »Five E's« vor, nach denen Interaktionen traditionell beurteilt werden: »[...] the principle that interactive systems should be designed to be effective, efficient, engaging, error tolerant, and easy to learn.«[151] Ins Deutsche übersetzt sagt diese Norm der Disziplin aus, dass Interaktionen effizient, effektiv, ein-nehmend, einfach erlernbar und fehlertolerant zu gestalten sind. Sind diese Bedingungen erfüllt, so ist ein interaktives System aus Sicht seiner Entwickler – und augenscheinlich ebenso aus Sicht des Konsumenten – erfolgreich, entspricht es doch damit der Norm ISO 9241-11. Sich in der Gestaltung von Interaktionen im Rahmen dieser Standards zu bewegen, scheint sich zu lohnen. »There is a specific technical terminology that everyone shares; a set of trusted techniques, methods, and theories that can be assessed and discussed; and, perhaps most importantly, a communal sense of what to strive for, supported by dedicated conferences and journals.«[152] Was Fallman als das *usability paradigm* beschreibt, umfasst auch verbreitete Kriterien, unter denen interaktive Systeme in laborartigen Versuchsreihen quantifiziert, gemessen, analysiert und bewertet werden können. Die stark an den klassischen Kognitionswissenschaften angelehnte und in der Disziplin weit verbreitete Methode besteht darin, durch quantitative Experimente empirische Daten über einzelne Aspekte der Nutzbarkeit eines bestimmten Designs zu sammeln. In solchen Versuchen, den weit verbreiteten *usability tests*, steht eine Gruppe von Probanden typischerweise zwei oder mehreren ähnlichen, doch sich in manchen Aspekten unterscheidenden Designs gegen-über und bewertet diese.[153] Wie in den Experimenten der Kognitionswissen-schaft lässt sich auf diese Weise auch hier Erfolg beweisen und quantifizieren.

---

150   Denzinger: Der Interface-Komplex, S. 54.
151   Fallman: A Different Way of Seeing, S. 53.
152   Ebd., S. 54.
153   Ebd.

So kann die Entwicklung von Produkten befriedigend abgeschlossen werden; das Ergebnis lässt sich vermarkten und schließlich zufriedenstellend vom Nutzer bedienen.

Fallmann jedoch kritisiert dieses in der Praxis etablierte und gefeierte *mindset*. Denn Interaktionen werden in einem Umfeld erprobt, das den Menschen selbst – in einer »dehumanizing tendency«[154] – als Maschine begreift, der Informationen aufnimmt, verarbeitet und darauf reagiert. Vor diesem Hintergrund ist es nicht schwer festzustellen, wann etwas »gut« gestaltet wurde, denn im Rahmen des *usability paradigm* sind bereits alle notwendigen Regeln, Methoden und Meinungen vorhanden, die Nutzbarkeit messen, analysieren, vergleichen und diskutieren lassen. [155] Die Erfüllung der ISO-Normen wird gewährleistet und natürlich hat es auch praktischen Wert, wenn interaktive Systeme entsprechenden verbessert werden können. Doch ebenso wenig wie im Industrie-Design nur die praktischen Funktionen im Fokus stehen dürfen, kann mit einer Reduzierung der Gestaltung inter-aktiver Anwendungen auf deren *Usability* nur ein geringer Teil der Nutzeran-forderungen erfüllt werden.[156]

Homo faber, Homo ludens

Computer sind in ihren zahlreichen Erscheinungsformen bereits untrennbar in viele Bereiche des Alltags eingedrungen – und werden es mit den technischen Entwicklungen in unserem Zeitalter der Vernetzung auch weiter tun werden. Computertechnologien lassen sich nun nicht mehr darauf reduzieren, dem Menschen exklusiv dazu zu dienen, seine Arbeit zu erfüllen. »The real revolution is that computing is leaving the confines of task-oriented, rational, ›left-brain‹ work, and is set to join us in our homes, on the street, at parties, on lonely mountaintops – everywhere, in short, where ›work‹ is the stuff we want to get done so we can do what we really want to do.«[157] Ursprünglich für die Erledigung von Büroarbeit entwickelt, ist die Bedeutung der Computertechnologien mittlerweile längst und weit darüber hinaus-gewachsen, begleiten sie den Menschen doch überall im Alltag, auch und vor allem nach *office hours*. Überraschend ist, dass sich – mit all den technologischen Entwicklungen, die den Alltag allein in den letzten 40 Jahren verändert haben – einige Dinge gleich zu bleiben scheinen. Denn diese all-gegenwärtigen Technologien tragen nach wie vor noch Werte aus der Arbeits-welt in sich: »concerns for clarity, efficiency and productivity; a preoccupation

154   Ebd.
155   Ebd.
156   Arndt: User Experience, S. 77.
157   Gaver: Designing for Homo Ludens, S.164.

with finding solutions to problems«[158] In diesem Sinne wirft der Interaktionsforscher und Designprofessor William (Bill) Gaver die Frage auf, inwieweit
ebenjene Bewertungskriterien tatsächlich noch den Bedürfnissen der heutigen
Nutzern entsprechen.

Insbesondere Hannah Arendt prägte in ihrem Buch »Vita activa oder
Vom tätigen Leben« das Bild des *Homo faber* in der (Technik-)Philosophie.
Verkürzt und stark dekontextualisiert beschreibt der *Homo faber* den
arbeitenden Menschen. In Auseinandersetzung mit einem neuen, zeit-
gemäßen Nutzungskontext führt Gaver nun als anthropologischen Gegenbe-
griff den *Homo ludens* an – den spielenden Menschen. Der Nutzer und
der Nutzungskontext vieler Technologien seien somit nicht mehr nur der
Arbeitende in der Arbeitswelt, sondern eine weitere Facette des Menschen mit
neuen Bedürfnissen. Ohne Frage ist Produktivität sinnvoll, insbesondere dann,
wenn Technologie dem *Homo ludens* dazu verhilft, notwendige Aufgaben
schnell zu erledigen, und ihm so mehr Freizeit schenkt. Aber wenn nun auch
die Freizeit durch Technologie verrichtet wird? »The idea of Homo ludens [...]
is an antidote to assumptions that technology should provide clear, efficient
solutions to practical problems. From this perspective, we are characterized
not just by our thinking or achievements, but by our playfulness: our curiosity,
our love of diversion, our explorations, inventions and wonder.«[159] Gaver und
Fallmann regen ein Umdenken an und fordern neue, an neue Nutzungskontexte angepasste Maßstäbe für Interaktionen, die nun nicht mehr allein
der Arbeitswelt entspringen. Eine kleine Revolution, die sich nicht nur
Effizienz und Effektivität, Nutzen und Nutzbarkeit, sondern auch der *Joy of Use*
zuwendet: »[...] the computer has become something that helps us pursue
our lives, not just something that helps us perform our work. In this, as users
of this technology, we tend to want more from it than merely the ›five E's‹; we
seek the enjoyable, exciting, and meaningful, something that is curious,
playful, intimate, creative, and sometimes even ambiguous and mystical.«[160]

Wenn das Streben nach Effektivität im Interaktionsdesign auch auf
die klassische Kognitionswissenschaft zurückgeführt werden kann, und wenn
die Vormacht des Visualismus ihrerseits von der Semiotik geprägt ist – lassen
sich auch die oben beschriebenen, alternativen Ziele für Interaktionen durch
wiederum alternative wissenschaftliche Grundlagen untermauern? Diese
Ansätze werden vergleichend in den folgenden Kapiteln erläutert.

158   Ebd., S. 165.
159   Ebd.
160   Fallman: A Different Way of Seeing, S. 54.

03   Fühlen

Im Vorherigen wurden die theoretischen Hintergründe dargelegt, die für die Gestaltung von Interaktionen bis heute maßgeblich bestimmend sind. Es wurde erläutert, wie die wissenschaftlichen Erkenntnisse der Neurologie sowie die Formulierung der semiotisch fundierten Designtheorie schlüssig zur Betonung der visuellen Wahrnehmung führten und somit die praktische Gestaltung von Schnittstellen prägten. So konnte die Disziplin des Interaktionsdesigns nach vielen Jahren der Forschung und Praxis gängige Gestaltungsstandards für effektive Benutzbarkeit und allgemein anerkanntes »gutes« Design festgelegen. Im Folgenden sollen nun weitere Betrachtungsweisen dargelegt werden, die sich auf einen gänzlich anderen Ansatz der Gestaltung von Produkten und auch Schnittstellen anwenden lassen. Den Grundsätzen des Interaktionsdesigns können nun – nach über einhundertjährigen Entstehungsgeschichte und ihrer festen Etablierung in der Praxis des Designs – neue Denkweisen an die Seite gestellt werden, die ihren Ursprung insbesondere in der jüngeren Technikphilosophie haben. Im folgenden Kapitel sollen diese alternativen Ansichten vorgestellt werden, damit anschließend erörtert werden kann, ob sich daraus neue Schlüsse für die Gestaltung von Schnittstellen ziehen lassen.

  Aufbauend auf dem Wissen um die etablierten Praktiken werden im dritten Teil der Arbeit nun ausgewählte Annahmen der Technikphilosophie erläutert, die sich der Fokussierung auf die visuelle Wahrnehmung gegenüberstellen lassen. Im ersten Kapitel ist vor allem die *Embodied Cognition* von besonderer Bedeutung, die als Theorie der verkörperten Kognition die Bedeutung von körperlicher Handlung unterstreicht und den klassischen Kognitionswissenschaften damit radikal entgegensteht. Sie geht der Frage nach, welche Rolle sinnliche Empfindungen und umweltbezogene Handlungen für die Verarbeitung von Informationen spielen und inwieweit damit der physische Körper in der immateriellen Informationsgesellschaft aufgewertet werden kann. Das zweite Kapitel wendet sich anschließend der Bedeutung des physischen Artefaktes zu. Hier wird das Konzept der materiellen Mediation von Peter-Paul Verbeek herangezogen, das sich nicht im Kontrast, sondern vielmehr komplementär zur etablierten Produktsemiotik anwenden lässt. Unter Anregung einer alternativen Interpretation von »Ästhetik« steht im dritten Kapitel schließlich die sinnliche Wahrnehmung im Mittelpunkt, insbesondere die Frage nach der Bedeutung haptischer Empfindungen – dem Begreifen durch die Hände. Das sich aus diesen alternativen Theorien ergebenden Potenzial für die Gestaltung von Produkten und Schnittstellen ist Gegenstand der folgenden Erörterungen.

03.1 Verkörperte Kognition

Der Mensch erschafft sich eine kluge Welt, damit er es nicht selbst sein muss.[161] Was auch als Teil einer Definition für »Technologie« gelesen werden könnte, ist stattdessen ein Gedanke, mit dem der Philosoph Andy Clark eine für seine Arbeit existenzielle Frage aufwirft: Wo hört der Geist auf und wo beginnt die Welt um ihn herum?[162] Damit führt er in einen noch jungen Zweig der Kognitionsforschung ein, der die traditionellen Annahmen der klassischen Kognitionsforschung durch neue, radikale Hypothesen herausfordert und die Bedeutung der Körperlichkeit für kognitive Prozesse in ein neues Licht rückt.

Embodiment

Die *Embodied Cognition* steht dem im zweiten Teil erläuterten kartesischen Grundgedanken der strengen Trennung von Körper und Geist explizit entgegen. Statt den Geist hinter die physische Schwelle zwischen Schädel und Haut einzupferchen, argumentiert die Theorie der verkörperten Kognition für die große Bedeutung körperlicher Wahrnehmung als maßgeblich konstituierend für Bewusstseinsbildung und kognitive Fähigkeiten. Die Theorie der verkörperten Kognition »[…] sieht das Gehirn als eine Komponente eines größeren Systems an, das auch Körper und Umgebung einschließt, die beide eine wichtige Rolle für unsere Gedanken, Emotionen und Verhalten spielen«[163]. In diesem Sinne werden kognitive Prozesse also nicht allein im Gehirn erzeugt, sondern sind das Ergebnis einer dynamischen Wechselbeziehung, die zwischen dem Gehirn, dem Körper und sogar der Umwelt besteht.

Die Vorstellung der verkörperten Kognition ist dabei keine gänzlich unbekannte Idee. Der Neurobiologe Moheb Costandi zieht in einer Erklärung der *Embodiment*-These Vergleiche zu den Ansätzen verschiedener Philosophen. So habe schon im 18. Jahrhundert Immanuel Kant geäußert, dass er Körper und Geist zwar für zwei eigenständige, aber eng miteinander verbundene Einheiten halte. Laut Kant hänge die menschliche Denkfähigkeit stark von den Eigenschaften des Körpers ab: Zum Denken wie auch für das Abrufen und Verknüpfen mentaler Repräsentationen sei körperliche Bewegung notwendig. Auch der deutsche Philosoph Martin Heidegger argumentierte noch fast zweihundert Jahre später, dass der Mensch die Welt nur durch Interaktionen mit ihr erleben könne. Denken heiße für ihn schlicht, von den Dingen Gebrauch zu machen. Und ebenso konstatierte der französische Philosoph Maurice

---

161   Clark: Being There, S. 180.
162   Clark und Chalmers: The Extended Mind, S. 7.
163   Costandi: Verkörperte Kognition, S. 52.

Merleau-Ponty, dass der Körper nicht nur ein Objekt der Wahrnehmung sei, sondern in einer entscheidenden Position zu dieser Wahrnehmung beitrage. [164]

Im Rahmen der jüngeren Kognitionsforschung erhalten ihre Auffassungen nun neue Aufmerksamkeit. Sowohl Vertreter der Philosophie als auch einige Kognitionswissenschaftler weisen mittlerweile die Computermetapher der klassischen Kognitionstheorie zurück, die die mentalen Funktionen größtenteils von der Arbeitsweise des Körpers abkopple. Sie werde der Bedeutung des Körperlichen für die Kognition nicht gerecht: »Der Körper würde hier lediglich zu einer Art von Ausgabe-Einheit für Handlungsanleitungen degradiert werden, die durch Verrechnung abstrakter Symbole in der zentralen Verrechnungseinheit entstanden sei.«[165] Der traditionellen komputationalen Auffassung des Bewusstseins stehen nun vier, sich im Detail unterscheidende Ideen von embedded, embodied, extended und enacted cognition gegenüber. Gemeinsam haben diese Theorien, dass sie Bewusstsein nicht durch die physischen Schwellen des Gehirns beschränkt sehen.

Als noch junge Theorie der Kognition muss sich die Embodiment-Strömung gegenüber ihrem großen Gegenüber, der klassischen Kognitionsforschung, erst beweisen. Doch bereits heute lassen sich zahlreiche Studien dazu nutzen, ihre Sichtweisen weiter zu untermauern, indem sie die untrennbare Verknüpfung von körperlichen und geistigen Zuständen aufzeigen. Costandi führt zum Beispiel eine psychologische Studie an, die beleuchtet, dass körperliche Sensationen vermeintlich geistige Einstellungen nicht nur beeinflussen, sondern sogar hervorrufen können: »So empfindet man mit einer warmen Tasse Kaffee in der Hand andere als freundlicher, als wenn die Tasse kalt ist; man wäscht sich eher die Hände, wenn man an böse Taten denkt als an gute, und man hält ein schweres Buch für wichtiger als ein leichtes. Diese Art Forschung zeigt, wie wichtig verkörperte metaphorische Gedanken sind – Zuneigung ist Wärme, unmoralische Handlungen sind unrein, moralische hingegen rein, und wichtige Dinge sind auch ›gewichtig‹.«[166] In dem Zitat schwingt ebenso die enge Verknüpfung körperlicher Empfindungen mit dem metaphorischen Denken mit. Denn wie bereits das Wort »gewichtig« zeigt, drückt der Mensch in vielerlei Hinsicht seine Gedanken erst in der metaphorischen Form körperlicher Empfindungen aus.

164   Ebd., S. 52 f.
165   Hauke: Embodiment, S. 108.
166   Costandi: Verkörperte Kognition, S. 54.

Der erweiterte Geist

Innerhalb der modernen Technikphilosophie wurde insbesondere Andy Clark als Vertreter einer radikalen Auffassung der verkörperten Kognition bekannt. Zusammen mit David Chalmers argumentiert er in dem Artikel »The Extended Mind« für die Ausweitung des Konzeptes der Kognition nicht nur vom Gehirn auf den Körper, sondern sogar vom Körper auf bestimmte Artefakte der Außenwelt. »We advocate a very different sort of externalism: an active externalism, based on the active role of the environment in driving cognitive processes.«[167] Der Kreislauf der Aktivität, die durch das Gehirn, durch den Körper, durch die Welt und anschließend wieder zurück läuft, ist laut Clark das Konstituierende für Kognition. Hinter seiner Frage, wo der Geist endet und der Rest der Welt beginnt, steht der Wunsch, die vermeintliche Trennlinie zwischen rein geistiger Aktivität und der körperlichen und umweltbezogenen Handlung aufzulösen. Laut Andy Clark, David Chamlers und vielen weiteren Vertretern der verkörperten Kognition ist der Mensch eng an äußere Komponenten gekoppelt – um so sein Denksystem zu erweitern. Diesem Gedanken folgend müssten auch die Artefakte der Umwelt, mit denen wir interagieren, als integrale Bestandteile von Kognitionsprozessen gelten.

Clark und Chalmers verdeutlichen ihre These am Beispiel des Rechnens – vermeintlich ein rein geistiger Prozess. Laut den Autoren besteht aber kein bedeutender Unterschied zwischen dem Lösen einer Gleichung, wenn eine Person die Rechnung allein im Kopf zu bewältigen vermag, eine andere jedoch einen Zettel und Stift als Hilfsmittel hinzuzieht. Der Kognitionsprozess im zweiten Fall involviere physische Hilfsmittel und deshalb müsse »the conception of mind« der entsprechenden Person eben auch diese entsprechenden Elemente beinhalten. Um solch einen Standpunkt zu untermauern, führen Clark und Chalmers in »The Extended Mind« einen wichtigen Vergleich über die Verortung von Hilfsmitteln an, der sich auch auf das hier herangezogene Rechenbeispiel übertragen lässt: In einer cyborgschen Zukunftsvision sind Zettel und Stift in ein digitales System übertragen worden, welches der Rechnende nicht durch Ein- und Ausgabegeräte wie Maus, Tastatur und Bildschirm, sondern durch ein in den Kopf eingesetztes Implantat ansteuert. Der Vergleich – und damit die von Clark und Chalmers konstatierte Ähnlichkeit der Situationen mit und ohne Hilfsmittel – wird durch den Wechsel des Mediums von Stift und Papier zum digitalen, internalisierten System des Implantates deutlich.[168] Der kognitive Prozess findet innerhalb der körperlichen Grenzen statt – und stützt sich dennoch auf ein Hilfsmittel.

167   Clark und Chalmers: The Extended Mind, S. 7.
168   Vgl. das Beispiel des Tetris-Spiels mit verschiedenen Hilfsmitteln in: Clark and Chalmers: The Extended Mind, S. 7 f.

Damit widersprechen Clark und Chalmers der verbreiteten Annahme einer
vermeintlich körperlichen Verortung des Geistigen: »We cannot simply point to
the skin/skull boundary as justification, since the legitimacy of that boundary
is precisely what is at issue.«[169] Unabhängig von der Wahl und physischen
Verortung bestimmter Hilfsmittel ist Kognition laut der *Extended-Mind-*
Hypothese ein Kreislauf, der von der Handlung nicht losgelöst betrachtet
werden kann. Somit werden auch Elemente der Außenwelt zu einem Teil des
Kognitionsprozesses, zu einer Erweiterung des Geistes – dem *extended mind*.

Clark und Chalmers fordern in »The Extended Mind«, den Artefakten
für ihre Beteiligung an kognitiven Prozessen entsprechend Anerkennung zu
zollen: »If, as we confront some task, a part of the world functions as a process
which, *were it done in the head*, we would have no hesitation in recognizing
as part of the cognitive process, then that part of the world is (so we claim),
part of the cognitive process.«[170] Sie führen die Definition von epistemischen
Aktionen an, die eine Veränderung der Welt bezwecken, um kognitive Prozesse
zu unterstützen, z. B. zur Erkennung und Suche. Diese Aktionen stehen
ganz im Gegensatz zu einer rein pragmatischen Handlung, die die Welt
verändert, um eine entsprechend physische Modifizierung zu bewirken (als
Beispiel wird das Füllen eines Loches in einem Damm mit Zement genannt).
Laut Clark und Chalmers verdient epistemische Aktion entsprechend
epistemische Anerkennung.[171]

Im Sinne der *Extended-Mind-*Hypothese schafft sich der Mensch
mit den Artefakten seiner Umwelt ein erweitertes Denksystem – eine
kluge Welt, damit er es nicht selbst sein muss. Die Auslagerung von Denk-
prozessen auf Objekte der Außenwelt untersuchten beispielsweise auch
die Psychologen Betsy Sparrow, Jenny Liu und Daniel Wegner im Jahr 2011
im Rahmen von vier Studien über die Auswirkungen von Google auf das
Gedächtnis.[172] Wie sie zeigen, sinkt die Wahrscheinlichkeit, dass der mit einer
schwierigen Frage konfrontierte Mensch sich an die gesuchte Information
erinnert. Denn in der Erwartung, Zugang zu Computern und Internet zu
haben, denke der modern Mensch eher daran, wie und wo er externen Zugang
zu den Informationen bekommen könne, als dass er sich an jene Information
selbst erinnere. »The Internet has become a primary form of external or trans-
active memory, where information is stored collectively outside ourselves."[173]
Demgegenüber sinkt die Notwendigkeit, Wissen dauerhaft ins interne

169   Ebd., S. 8.
170   Ebd.
171   Ebd.
172   Sparrow, Liu und Wegner: Google Effects on Memory.
173   Ebd., S. 776.

Gedächtnis zu überführen. Indem sie den Menschen unter anderem dazu dienen, die Gedächtnisbelastungen für das Gehirn zu reduzieren, scheinen Computer und das Internet nahbare Beispiele für eine Erweiterung des Geistes zu sein.

Von der Hand in den Geist

Der Grundgedanke der engen Verknüpfung von Handeln und Denken lässt sich auch anhand persönlicher Erfahrungen – sozusagen »erster Hand« – nachvollziehen. Insbesondere für die kreativen Prozesse der Designpraxis sind das Skizzieren von Ideen mit Stift und Papier, das physische Erstellen von Skizzenmodellen sowie die Definition durch CAD unabdingbare Teile des Entwurfsprozesses. Auf das Rechenbeispiel zurückkommend drängt sich ein weiterer persönlicher Vergleich aus der Kindheit auf. Denn der »geistige« Prozess des Rechnens wird erst über Hilfsmittel aus der Außenwelt erlernt: Stift und Papier, Rechenschieber, verschiedene (auf den Tisch gelegte und wieder versteckte) Objekte oder schlicht das Sich-vor-Augen-Führen (und eventuell sogar Berühren) der eigenen Finger.

Tatsächlich kann in jenem umweltbezogenen »Hand-eln« schon in der Bezeichnung die besondere Bedeutung der Hände herausgelesen werden. Ihnen wird, insbesondere in der Alzheimerforschung und -therapie, große Aufmerksamkeit gewidmet, denn die Eindrücke über die Hände gelten als Katalysator für Erinnerungen und bewusste Wahrnehmung.[174] Die Sonderrolle, welche die begreifende Hand einnimmt, gründet sich in ihrer Existenz als greifendes, tastendes und fühlendes *Sinnesorgan* auf der einen sowie als ergreifendes, fassendes und manipulierendes *Handlungsorgan* auf der anderen Seite.[175]

174   Schaade: Die Hände als wichtiges »Sinnesorgan« Demenzkranker, S. 60 f.
175   Lübbecke: Tangible User Interfaces und Accessibility, S. 28.

Im Rahmen der Recherche zu diesem Buch wurde in einer Serie von Interviews ebenfalls der Versuch unternommen, die enge Beziehung kognitiver Prozesse mit der Bedeutung physischer Handlungen – insbesondere bezüglich des Begriffes des »Handgedächtnisses« – aufzuzeigen. Den zwölf Testpersonen wurde unter anderem die Aufgabe gestellt, typischerweise mit den Händen ausgeführte Bewegungsabläufe, wie das Binden von Schnürsenkeln, anleitend zu beschreiben. Der ersten Gruppe der Teilnehmenden wurden dabei keinerlei Einschränkungen auferlegt, während die zweite Gruppe explizit gebeten wurde, ihre Hände beim Erklären nicht zu benutzen. Den Erwartungen entsprechend fiel es der zweiten Gruppe der Probanden deutlich schwerer, die Prozesse verbal zu beschreiben. Sie brauchten bis zu über eine Minute länger als die Probanden, die ihre Hände benutzen durften, und bezogen entgegen der Anweisung die Hände häufig unbewusst mit ein.

Abb. 12 Schnappschüsse aus den Interviews:
Ohne Nutzung der Hände.

Abb. 13–14 Momentaufnahmen aus den Interviews: Unter
bewusster Miteinbeziehung der Hände (oben) und mit un-
bewusster Einbeziehung der Hände.

03.2 Materielle Mediation

Im vorherigen Kapitel konnte die Bedeutung des umweltbezogenen Handelns herausgestellt und der strikte Ansatz der klassischen Kognitionswissenschaft, den Geist von der Körperlichkeit loszulösen, aufgeweicht werden. Vor diesem Hintergrund kann nun die Physikalität des Artefaktes und seine vermittelnde Rolle in der Beziehung zwischen Mensch und Welt in den Fokus der Betrachtung rücken. So kann im Folgenden auch die semiotische Perspektive auf die Produktgestaltung um die physische Eigenschaft der materiellen Mediation von Artefakten ergänzt werden.

In der frühen Technikphilosophie wurde die Bedeutung von Technologie auf den Verlust von Bedeutsamkeit und authentischer Existenz reduziert – ganz im Sinne der These von der Entfremdung. Der niederländische Technikphilosoph Peter-Paul Verbeek präsentiert eine andere Sicht auf die Rolle der Technik: »Technology mediates our behaviour and our perception, and thereby actively shapes subjectivity and objectivity: the ways in which we are present in our world and the world is present to us.«[176] In seiner Dissertation »What Things Do« untersucht Verbeek ebenjene Mediation, also die vermittelnde Rolle technologischer Artefakte. Verbeeks Fokus auf die Rolle des explizit physischen Artefaktes macht seine post-phänomenologische Betrachtungsweise für das Feld des Designs relevant: Denn Designer schaffen Objekte, die eben diese adressierte Fähigkeit zur Mediation verkörpern.

Mediation und Semiotik

Mit dem Konzept der materiellen Mediation schlägt Verbeek eine neue Sichtweise auf (technologische) Artefakte vor. Darin baut er auf die *Actor–Network Theory*, die er als »material translation«[177] der Semiotik interpretiert. Als Ausdifferenzierung des Mediationsbegriffes von Bruno Latour könne die materielle Mediation den verbreiteten Fokus der Designdisziplin auf die visuelle Kommunikationsfähigkeit von Produkten umlenken. »This visualism has culminated in the post-modern obsessions with signs and meanings. When products are turned into objects whose primary purpose it is to refer to lifestyles, the emphasize is fully on visual qualities.«[178], schreibt Verbeek und plädiert für eine tiefere Betrachtung der materiellen Eigenschaften und Wirkungsweisen von Objekten. Er schlägt vor, die semiotisch-fundierte Designtheorie um sein Konzept der materiellen Mediation zu ergänzen.

---

176 Verbeek: What Things Do, S. 203.
177 Ebd., S. 150.
178 Ebd., S. 210.

Um diese Ergänzung einzuordnen, können die im zweiten Teil dargelegten Konzepte der Produktsemantik nach Jochen Gros herangezogen werden. Demnach betrachtet das Industriedesign Objekte nach ihrer tatsächlichen Funktion, vom niederländischen Designtheoretiker Wim Muller auch als *material utility* bezeichnet, sowie ihrem Zeichenwert, den *socio-cultural utilities*. »The material utility is often considered the domain of the engineer, whereas the social-cultural utility is located in the domain of the designer.«[179] Im Rahmen der letzteren, also der zeichenhaften Funktionen, unterschied Jochen Gros wiederum zwischen zwei Klassen: den Anzeichenfunktionen als denotative Zeichen (wie ist das Produkt zu *gebrauchen*) und Symbolfunktionen als konnotative Zeichen (wofür es *steht*). Doch wie lässt sich nun die Betrachtung von Produkten im Sinne von Funktionen und Zeichen mit der Betrachtung von Produkten im Sinne einer Mediation verbinden? Die bereits geschilderten Wahrnehmungsebenen eines Produktes der konkreten Pragmatik sowie der abstrakten Semiotik greift Verbeek in seiner Theorie auf und ergänzt sie um eine weitere Produktdimension: die materielle Mediation. Diese erlaubt es, bestimmte denotative Funktionen nicht im Sinne ihrer Zeichenhaftigkeit, sondern als Nebenfunktion der primären Funktionalität zu analysieren. Die Grenze zwischen den Domänen der material sowie der *socio-cultural utilities* verwischt.[180]

Als Illustration führt Verbeek die Studie »The Dining Position« von G. Baird an, welche die sekundären Funktionen von Esstischen analysiert. Gegeben sind zwei Situationen, in denen der Esstisch jeweils Gegenstand der Betrachtung ist. In einem Fall ist der Tisch rund, im anderen Fall rechteckig. Die Esstische werden in unterschiedlichen Situationen genutzt und werden entsprechend mit anderen Formen des gemeinschaftlichen Essens in Verbindung gebracht. An einem runden Tisch hat jeder der an ihm Sitzenden den gleichen Status. Der eckige Tisch, der einen Kopf hat, wird hingegen mit hierarchischer Ordnung in Verbindung gebracht. Aus der semiotischen Perspektive werden die Tische nun jedoch nicht danach analysiert, dass und wie sie den Sitzenden das Sitzen vorschreiben, sondern vielmehr auf welche Art und Kultur des Sitzens der Tisch verweist. Verbeek interessiert sich hingegen dafür, wie der Tisch aktiv dazu beiträgt, jene Kultur zu formen: Denn er sieht den Tisch als aktiv bestimmend für die Beziehungen derer, die an ihm sitzen, ob gleichberechtigt oder in Relation zum Kopf. Diese Beeinflussung tatsächlicher Handlungen und Beziehungen durch das Artefakt wird durch die materielle Mediation beschrieben. Das Interesse des Semiotikers hingegen liegt nicht primär in dieser Fähigkeit, sondern vielmehr darin, die Symbolfunktionen zu

179   Ebd., S. 204.
180   Ebd., 204 f.

analysieren und daraus Aussagen über den Zusammenhang zwischen der Form des Tisches und der Einstellung seines Besitzers im Hinblick auf die Hierarchie abzuleiten.[181]

An dieser Stelle kommt die Frage auf, welche Rolle Verbeek der zweiten Kategorie der zeichenhaften Funktionen, den Anzeichenfunktionen, zuschreibt. Schließlich können sie durchaus auf die richtige Benutzung (in diesem Falle die Sitzordnung am Tisch) hindeuten und damit das Verhalten der Essgemeinschaft eindeutig beeinflussen. Den Unterschied zur Mediation markiert Verbeek präzise in ihrer Eigenschaft als Zeichen. Denn als sekundäre bzw. produktsprachliche Funktionen (siehe Kapitel 2.1) stellen auch Zeichen immer ein Mittel zum Zweck dar: Ein Auto ist für den Besitzer nicht nur ein Transportmittel, sondern auch Mittel zum Ausdruck seines Status; eine Kaffeetasse ist nicht nur Mittel zum Trinken, sondern auch zum Ausdruck des Geschmacks des Besitzers.[182] Außerdem sind Anzeichenfunktionen ein Mittel, um die korrekte Handhabung eines Objektes zu kommunizieren. »The way in which a table organizes the relations between guests can only be described as a means for an end when the host deliberately chooses an ›egalitarian‹ or ›authoritarian‹ table in expressing a preference for a particular meal culture. But in describing how a table mediates meal culture, the issue does not concern the *function* of a table but a phenomenon that arises on *the basis of* its functionality. When the table is used (that is, when it fulfills its primary function by making it possible to lay out table settings so that people can sit in proximity), it is absorbed and incorporated into the practice of eating that it makes possible without this being consciously experienced – and from that position it mediates the relations between the people around it.«[183]

Die materielle Mediation findet also nicht innerhalb der sekundären Funktion der Zeichen und der kulturellen Codes statt, sondern eher in der Domäne der primären Funktion. Sie ist durch ihre Materialität eng mit der Funktion verknüpft, stellt aber dabei keine direkte Funktion des Artefaktes dar. Vielmehr ist sie ein Nebenprodukt seiner Funktionalität.[184]

Das Konzept der materiellen Mediation beschreibt also die Fähigkeit von Sachgegenständen, aktiv zu wirken, anstatt lediglich als Zeichen zu dienen. »In fulfilling their functions, artifacts do more than function – they shape a relation between human beings and their world.«[185] Dinge vermitteln die Beziehung zwischen Menschen und ihrer Umwelt nicht auf linguistische, sondern auf materielle Weise. Materielle Mediation geschieht somit nicht

181   Ebd., S. 207 f.
182   Ebd., S. 208.
183   Ebd.
184   Ebd.
185   Ebd.

durch Interpretation, sondern durch sensorische Wahrnehmung. Latours
Bodenschwelle auf der Fahrbahn ist durch ihre physische Präsenz nicht bloß
ein Zeichen, langsamer zu fahren, sie steht dem schnellen Fahren durch ihre
physische Beschaffenheit aktiv entgegen. Gleichzeitig bedeutet Verbeeks
Theorie aber nicht, dass Objekte durch ihre Zeichenhaftigkeit nicht auch eine
vermittelnde Rolle einnehmen können: Ebenso wie eine Bodenschwelle kann
ein Verkehrsschild, wenn es durch den Fahrer korrekt und gewissenhaft
interpretiert wird, auf verlangsamtes Fahren hinwirken.[186] Doch das von Peter-
Paul Verbeek in »What Things Do« aufgestellte Vokabular ermöglicht das
gezielte Analysieren der *mediating capacities* von Artefakten – auch aus der
Perspektive der nun ergänzten semiotisch-fundierten Designtheorie.

　　　　Zudem lassen sich im Konzept der materiellen Mediation Verbeeks
Auffassungen von der Beziehung zwischen Mensch, Artefakt und Welt mit den
Ansichten der verkörperten Kognition verbinden. Denn das physische Artefakt
kann aufgrund seiner Fähigkeit zur materiellen Mediation das Verhältnis
zwischen Menschen und Umwelt beeinflussen. Gleichzeitig agiert es dabei
aber auf jener Ebene, auf der ein Mensch seine Umwelt überhaupt wahrnimmt.
In seinem Buch bezieht sich Verbeek in einigen Beispielen auch auf die Arbeit
des Philosophen Maurice Merleau-Ponty. Dieser beschreibt zwei Fälle, in
denen deutlich wird, wie externe Artefakte Teil des Raumgefühls eines Körpers
werden – und wie die Welt durch sie verändert wahrgenommen wird. In
den Beispielen wird das Erleben zweier Menschen durch je ein Artefakt
verändert: Ein Mann, der sein Augenlicht verloren hat, navigiert mithilfe eines
Stockes. Laut Merleau-Ponty fühlt der Blinde in seiner nicht visuellen Wahrnehmung des Stadtbildes weniger seinen Stock als vielmehr seine Umgebung:
Er fühlt Straßen, Bordsteinkanten, Hindernisse usw. *durch* den Stock. Ebenso
nimmt eine Frau, die einen mit einer großen Feder besetzten Hut trägt,
darüber beispielsweise Winde oder Raumhöhen viel sensibler wahr als ohne
einen solchen Hut.[187] Die Wahrnehmung der Menschen wird durch die
Artefakte also erweitert, dabei treten sie selbst jedoch in den Hintergrund und
geben stattdessen der Wahrnehmung selbst Raum. Insbesondere im
zweiten Beispiel zeigt sich die starke *Neben*funktion des Hutes, der zunächst
als Kopfbedeckung (primäre Funktion) und Statussymbol (sekundäre Funktion)
fungiert. Die materielle Mediation wirkt stattdessen im Hintergrund und formt
das physische Erleben des Menschen mit.

---

186   Ebd., S. 208 f.
187   Ebd., S. 125 f.

Engaging Artifacts

Im ersten Teil dieses Buches wurden mit der Delegation, der Übersetzung und der Komposition bereits drei Ebenen erläutert, auf denen Bruno Latour die Eigenschaft zur Mediation in der *Actor–Network Theory* erklärt. Die vierte und letzte Ebene bildet das *reversible Blackboxing*, das im Folgenden zusammengefasst wird. Denn eine von Peter Paul-Verbeek besonders betonte Eigenschaft von Artefakten ist, im Sinne seiner Auffassung von materieller Mediation, das Konzept der *engaging artifacts*, das seinerseits an die Arbeit von Bruno Latour sowie die der Philosophen Albert Borgmann und Martin Heidegger angelehnt ist.

In der *Actor–Network Theory* entspricht die Betrachtung von individuellen Aktanten losgelöst von ihrem Netzwerk einer *Blackbox*: Die konstituierenden Beziehungen, die das Netzwerk und somit schließlich den Aktanten entstehen lassen, sind zunächst unsichtbar. Ein Perspektivwechsel, also eine Umkehr der *Blackbox*, bezeichnet Latour als *reversibles Blackboxing* und beschreibt damit das Zum-Vorschein-Kommen des ehemals unsichtbaren Netzwerkes. Ein Overheadprojektor beispielsweise, der in einer Vorlesung an einer Universität vor allem als Mittel dient, um Inhalte für alle Anwesenden gleichzeitig sichtbar zu machen, definiert sich in diesem Kontext augenscheinlich komplett über seine Funktion als Medium einer Nachricht – und zieht damit selbst keine direkte Aufmerksamkeit auf sich. Auch das Netzwerk, in dem der Projektor existieren kann, bleibt zunächst unsichtbar. Dies ändert sich jedoch in jenem Moment, in dem ein Defekt auftritt: Plötzlich tauchen unzählige Aktanten in einem Netzwerk aus Einzelteilen, Lieferanten, Herstellern, Dienstleistern usw. auf, die ihrerseits bestimmte Rollen erfüllen und den Aktanten, den Projektor, beeinflussen.[188]

In Teilen entspricht dieser Prozess einem weit älteren Prinzip des Philosophen Martin Heidegger: der Einteilung von Objekten in die beiden Modi *Zuhandenheit* oder *Vorhandenheit*. Das deutsche Wort *zuhanden* wurde bzw. wird als Synonym für *nützlich* gebraucht und von Martin Heidegger in »Sein und Zeit« folgendermaßen definiert: Zuhanden ist das, was in seinem Gebrauch nicht auffällt.[189] Dabei bezieht er sich auf das Werkzeug, das Mittel zum Zweck, das als solches Mittel gegenüber dem Zweck in den Hintergrund tritt. Sein bekanntestes Beispiel ist der Hammer, der sich wie alles »Zeug« als etwas »um zu« charakterisieren lässt: Denn ein Hammer lässt sich am besten mit »zum Hämmern« beschreiben. Im Moment seiner Nutzung entzieht sich der Hammer, laut Heidegger, der Perzeption des Nutzers und wird stattdessen eins mit der Welt um ihn herum; Nagel, Wand, Hammer und

188   Latour: Die Hoffnung der Pandora, S. 223.
189   Heidegger: Sein und Zeit, S. 69.

Arm gehen im Hämmern auf. Ähnlich wie in Albert Borgmanns Konzept der hintergründigen *machinery* ermöglicht auch nach Heidegger erst dieses In-den-Hintergrund-Treten des Mittels seine Nützlichkeit. Dementsprechend verliert ein Werkzeug seine Eigenschaft der Zuhandenheit aber auch mit dem Moment, in dem es Aufmerksamkeit für sich selbst einfordert – wenn es beispielsweise bricht und den Menschen vor das Problem seines Defektes stellt. In jenem Moment, in dem im Sinne des reversiblen *Blackboxings* das versteckte Netzwerk erst zutage tritt, bricht die Illusion der Zuhandenheit. In der Perzeption des Nutzers verändert das Objekt seinen Status vom »Zuhandenen« zum bewussten »Vorhandenen«. Anstatt dem Zweck seines Werkzeuges nachkommen zu können, muss der Mensch sich stattdessen bewusst mit dem Ding an sich beschäftigen.

Auch diese Unterscheidung von Heidegger dient als Grundlage, um Verbeeks Konzept der engaging artifacts zu verstehen. Denn ein Produkt muss den Menschen aktiv in sein Wirken miteinbeziehen, damit es von Verbeek als bezeichnet werden kann. Gegen Albert Borgmanns Auffassung von technischen Geräten als lediglich Konsum anregende Entitäten ohne Involvierung seines Nutzers argumentiert Verbeek, dass Geräte durchaus einnehmend seien können. Als erstes Beispiel seiner Kategorie der *engaging devices* zieht er das E-Piano heran, das durch die aktive und körperliche Aktivität des spielenden Menschen seinen Nutzen, Musik zu produzieren, ebenso erfüllt wie ein analoges Klavier. Als elektronische Alternative dazu bringt das E-Piano – neben der nach heutigem technologischem Stand beeindruckenden Klangqualität – zusätzlich auch weitere Funktionen hervor, die sich im analogen Gegenstück nicht finden. So ermöglicht es *commodities*, wie das leise Üben über Kopfhörer bei Nacht oder die Möglichkeit der elektrischen Manipulation des Klanges. Dabei ist ihm als Musikinstrument allerdings schon eine Handlungsaufforderung immanent, es zu spielen und in Symbiose mit dem Artefakt aktiv zu werden.[190] Natürlich ist das Beispiel des E-Pianos ein naheliegendes – denn ohne diese aktive Handlungsaufforderung an den Menschen wäre es undenkbar, die Beschäftigung mit ihm ist somit Selbstzweck. Zudem entzieht sich das E-Piano im Moment seiner Nutzung in gewisser Weise der Perzeption seines Nutzers, der sich beim Spielen auf die Musik konzentriert, die er in Symbiose mit dem Piano erzeugt. Indem es in seinem Zweck aufgeht, bleibt es also zuhanden.

190   Verbeek: What Things Do, S. 188.

Als Musikinstrument ist das E-Piano auch kein geeignetes Beispiel für ein Alltagsgerät. Ein solches sieht Peter-Paul Verbeek ausgerechnet in einem Heizgerät, das für Borgmann Inbegriff eines *devices* ist. Der mobile elektrische Heizofens des Schweizer Produktdesigners Sven Adolph ist ein *engaging artifact* nach allen Kriterien Verbeeks.[191] Der neutral getaufte »Heater« funktioniert über verschieden hohe Keramikschalen, die konzentrisch um ein Heizelement angeordnet sind. Zum Manipulieren und Lenken der Wärme im Raum müssen die Schalen vom Nutzer entsprechend ausgerichtet werden. Seine Funktionsweise erfordert damit die direkte Interaktion mit der Materialität des Objektes sowie eine zentrale Positionierung des Ofens im Raum. Wie um ein Lagerfeuer können sich auch um das elektrische Gerät Personen versammeln. Es stellt in der Weise, mit der es Aufmerksamkeit auf sich zieht, einen starken Gegenentwurf zu den von Borgmann kritisierten *devices* dar, deren Wirkungsweise und Positionierung so konzipiert sind, sich der Aufmerksamkeit des Menschen zu entziehen. Ausgerichtet auf seinen Zweck, die Temperatur im Raum zu manipulieren, verschwindet es jedoch im Moment der Nutzung nicht im Zuhandensein. Seine Konstruktion und Materialität bleiben in der Beschäftigung mit dem Gerät auch in der Wahrnehmung stets vorhanden. Bruno Latours bereits dargelegter Definition von Delegation folgend delegiert der Ofen die Verantwortlichkeiten für seinen Nutzen an das körperliche Handeln des Benutzers. Das Produkt prägt Beziehung und Interaktion auf der materialisierten sinnlichen Ebene der materiellen Mediation, sodass Verbeek dem »Heater« zurecht die Bezeichnung *engaging* zuspricht. In dem Prinzip, mit dem Produkte Aufgaben an den Menschen delegieren, sieht Verbeek zudem eine Möglichkeit, die Beziehung zwischen Mensch und Artefakt zu fördern. Er erläutert daraufhin auch die positiven ökologischen Dimensionen einer derartig engeren Mensch-Objekt-Beziehung. »The most important viewpoint in this connection is the necessity of a materially oriented design approach. If products are to be designed to encourage human attachment, it is necessary to design them so that humans deal with the products themselves and not only with what they do or signify.«[192] Der moralische Diskurs würde an dieser Stelle jedoch den Umfang der Überlegungen sprengen. Festzuhalten ist, dass Verbeek durch sein Konzept der materiellen Mediation und dessen Zuspitzung zum *engaging artifact* aufzeigt, wie Produkte gezielt gestaltet werden können, um das *device paradigm* zu umgehen.

---

191   Ebd., S. 230.
192   Ebd., S. 232.

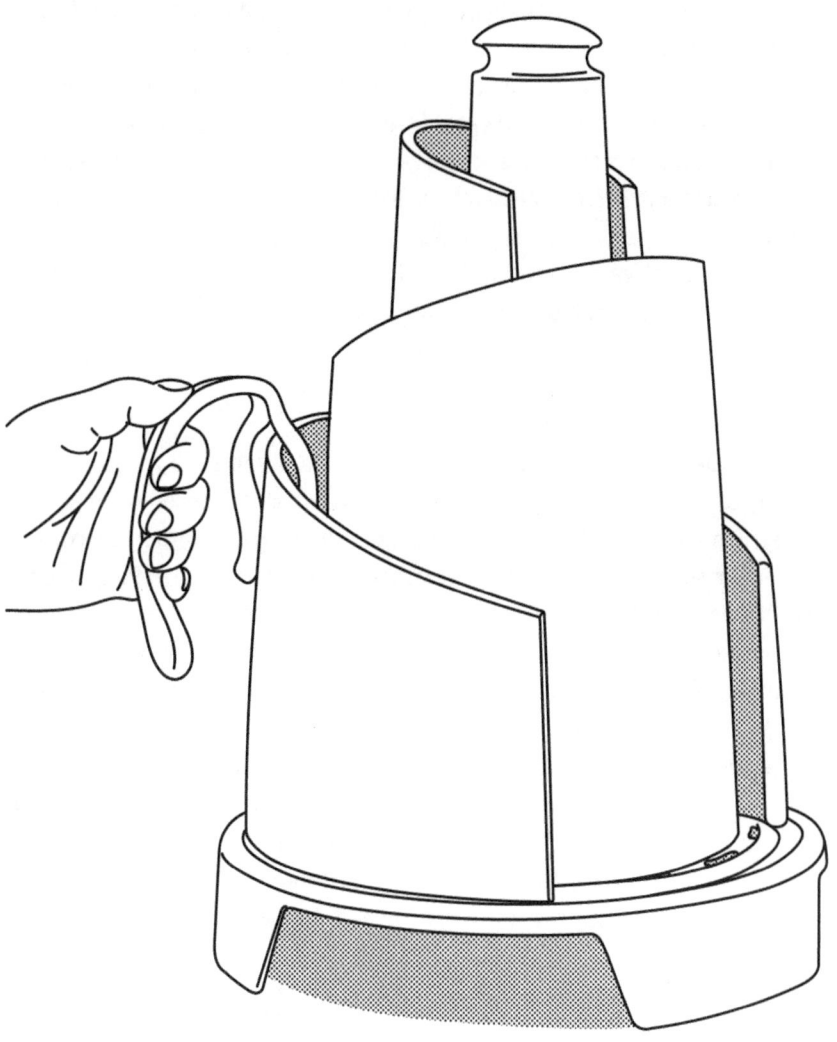

Abb. 15 Der »Heater« von Sven Adolph (momentum) bezieht in
seiner Funktionsweise den Nutzer aktiv in das Wirken mit ein.

03.3 Materielle Ästhetik

Verbeeks Ausführungen folgend verdienen es die materiellen Eigenschaften eines Artefaktes, stärker im Fokus der Analyse seines Wirkens zu stehen. Für die Auseinandersetzung mit begreifbaren Interaktionen ist im Rahmen dieses Buches insbesondere Verbeeks These einer *material aesthetics* von Bedeutung. Sie fordert den Ästhetikbegriff des Designs und seinen Fokus auf das Visuelle heraus. Vom griechischen Wort *aesthèsis* abstammend beschreibt der Begriff im ursprünglichen Wortsinn sensorische Wahrnehmungen und beinhaltet damit die Perzeption durch *alle* Sinne[193]. Der im Produktdesign vorherrschende Begriff der visuellen Ästhetik, der auch auf die starke Prägung durch Marketingaspekte und dem entsprechenden Fokus auf Zeichenhaftigkeit zurückzuführen ist, wird dem natürlich nicht gerecht. »In certain product use, for instance, the sense of touch is at least as important as sight. After some practice, many products can be used without looking, though they could not be used at all without touching.«[194]. Die Bedeutung der materiellen Ästhetik im Sinne der gesamtsensorischen Wahrnehmung ist Gegenstand dieses Kapitels.

Sinneswahrnehmungen

Der japanische Designer Kenya Hara ruft in seinem Buch »Designing Design« zu einem »Erwachen der Sinne« auf. Damit ist jedoch keine Umkehr von der Erhöhung des Geistigen hin zur Verherrlichung des Körperlichen gemeint. In seiner Arbeit als Designer lässt Hara der sensorischen Perzeption jedoch einen sehr hohen Stellenwert zukommen. Er sieht Sinnlichkeit aber nicht losgelöst vom Geist oder gar über ihm stehend, sondern vielmehr als Auslöser für geistige Aktivität. »A human being is a bundle of very delicate receptor organs and at the same time an image generating organ, equipped with a vigorous memory-playback system. An image generated in the human brain is a spectacle orchestrated through multiple sensory stimuli and revived memories. This is precisely where the designer works.«[195] So ist sinnliche Wahrnehmung laut Hara untrennbar mit dem Abrufen von kognitiver Aktivität und Emotion verknüpft, was aber in der Gestaltung der meisten Produkte bisher zu kurz kommt.

193   Ebd., S. 211.
194   Ebd.
195   Hara: Designing Design, S. 156.

Die Definition sinnlicher Wahrnehmungen unterteilt klassisch in die fünf
menschlichen Kanäle der visuellen, auditiven, taktilen, gustatorischen und
olfaktorischen Wahrnehmung. In dieser etablierten Differenzierung finden
sich allerdings einige Inkonsistenzen. Denn der unbestreitbar existierende
Gleichgewichtssinn fällt beispielsweise in keine der jeweiligen Kategorien. Die
Wahrnehmung von Geschmäckern ist neben der groben Einteilung des
Sinnesorgans Zunge unmittelbar mit dem Geruchssinn sowie dem Textur-
empfinden auf Lippen und im Mundraum verknüpft. Und unter den groben
Überbegriff der Haptik fallen zahlreiche sich stark unterscheidende
Sensationen, die später näher erklärt werden sollen. Während keinem der
verschiedenen Sinne seine Wertigkeit abgesprochen werden kann, muss an
dieser Stelle auf den Gegenstand dieses Buches verwiesen werden, der die
Interaktion zwischen Mensch und Technik in den Vordergrund stellt. Aufgrund
mangelnder technischer Realisierbarkeit (im Rahmen des in den Kapiteln 4.2
und 4.3 dokumentierten Entwurfsprozesses) fallen mit dem Ziel des
Produktentwurfs interaktiver Anwendungen somit einige Sinne, wie der olfaktorische und gustatorische, weg. Ebenso haben die Fernsinne des Sehens und
des Hörens seit wenigstem einem Jahrhundert bereits besondere Aufmerksamkeit erfahren. Die beiden Sinne wurden Gegenstand detaillierter
Untersuchungen und damit auch zum Ziel vieler Geräteentwicklungen, »[s]o
weit, dass in vielen Fällen die Grenzen der Wahrnehmung der dargebotenen
Informationen erreicht sind.«[196] Tatsächlich werden Seh- und Hörsinn im Alltag
mit synthetischen Informationen in nahezu perfekter Qualität versorgt.
Doch Haptik ist »im Gegensatz zur Optik oder Akustik ein für die Mehrheit der
Anwender von Produkten noch nicht bekannter Begriff.«[197] Im Rahmen dieser
Publikation konzentriert sich die Beschäftigung mit Sinneswahrnehmungen
aus diesem Grund auf die haptischen Eindrücke und das Potential dieses
Sinneskanals zur Informationsvermittlung.

196   Kern: Einleitung, S. IX.
197   Ebd., S. VII.

Haptik

Die Ursprünge des Begriffes der Haptik liegen im griechischen *haptikós*, was das Greifbare bezeichnet.[198] Damit umfasst der Begriff alle Wahrnehmungen, die sich auf den Berührungs- und Tastsinn beziehen, und tatsächlich schließt diese Definition verschiedene Formen der Wahrnehmung mit ein. »Sie definiert sich also eher aus dem Ausschluss von optischer, akustischer, olfaktorischer, gustatorischer Wahrnehmung von der Summe der Sinneswahrnehmungen.«[199] Durch den Oberbegriff sind also immer noch eine Vielzahl an Sensationen beschrieben: die kinästhetischen Wahrnehmungen durch aktorische und sensorische Eigenschaften der Muskeln und Gelenke; des Weiteren die taktilen Sensationen, die über die Oberflächeneigenschaften der Haut definiert werden; außerdem thermosensitive und nozizeptive (schmerzsensitive) Wahrnehmungen[200]. Damit ist die Haut zwar das empfindlichste, nicht aber das einzige haptische Sinnesorgan, denn in den Muskeln und Gelenken sitzen weitere Rezeptoren, die einen Eindruck von wirkenden Kräften vermitteln.[201] Die Definition beschränkt sich also nicht auf die Haut und die Mechanik der Hände, sondern schließt den gesamten Körper ein.

In der Entwicklungsgeschichte der Menschheit hat sich die Bedeutung, die dem haptischen Sinn zugeschrieben wurde, mehrfach gewandelt. Aristoteles stellte das haptische Empfinden in seiner Einteilung der fünf Sinne an letzte Stelle. Bis zur Aufklärung bemühte sich auch die Kirche, dem Volk die Lust an der Berührung weitestgehend auszutreiben.[202] Während sich die pragmatische Entwicklung von Technologien insbesondere auf die Fernsinne konzentrierte, brachte schließlich die Kunst im 20. Jahrhundert die Renaissance des Tastsinnes. So machte, als eines von vielen Beispielen, die berühmte Pelztasse von Meret Oppenheim dem Betrachter »auf drastische Art und Weise die Bedeutung von haptischer Textur als Oberflächenbeschaffenheit bewusst«[203].

Geringschätzung der Haptik stand im Widerspruch zu ihrer Unverzichtbarkeit. Im Tierreich verfügen einige Arten über alle der vermeintlich fünf menschlichen Sinne, andere nur über einige davon und schließlich manche über nur einen einzigen – den am wenigsten zu entbehrenden, den Tastsinn[204].

---

198 Regenbogen und Meyer: Wörterbuch der philosophischen Begriffe, S. 281.
199 Kern: Begriffserklärungen, S. 25.
200 Ebd.
201 Kern: Motivation und Anwendungen haptischer Systeme, S. 12.
202 Ebd., S. 8.
203 Ebd., S. 9.
204 Ebd., S. 8.

Über den tastenden Menschen schreibt Immanuel Kant, dass ebenjener Sinn »[...] auch der einzige von unmittelbarer äußerer Wahrnehmung [ist]; eben darum auch der wichtigste und am sichersten belehrende, dennoch aber der gröbste [...]. Ohne diesen Organsinn würden wir uns von einer körperlichen Gestalt gar keinen Begriff machen können, auf deren Wahrnehmung also die beiden anderen Sinne der ersten Klasse [die Fernsinne des Sehens und Hörens] ursprünglich bezogen werden müssen, um Erfahrungswissen zu verschaffen."[205] Denn nur durch haptische Wahrnehmung kann der Mensch die Grenzen seines physischen Seins begreifen, erst seine Fähigkeit zu tasten macht es ihm möglich zu erkennen, wo der eigene Körper endet und wo die Welt um ihn herum beginnt.[206] Auch Kant weist auf die Bedeutung des Tastsinnes für die Konstitution der räumlichen Wahrnehmung hin. Erst das Anfassen koordiniert die aus anderen Sinnen erlangten Wahrnehmungen, ordnet sie in räumliche Zusammenhänge ein und setzt sie in eine Beziehung zueinander. »Zwar sind wir früh in der Lage, räumlich zu sehen und zu hören, aber die erstmalige Interpretation des Gesehenen, die Verknüpfung der beiden getrennt dargebotenen Bilder erfordert in der frühen Entwicklung ein Erfahren von Entfernungen zu Objekten. Dies wiederum kann nur über einen Sinn vermittelt werden, der den gesamten Raum von der Verkörperung des Seins bis hin zu dem Objekt überbrücken kann. Ein solcher Sinn ist der Tastsinn, der sich über die gesamte Grenze des physischen Selbst erstreckt, der Haut.«[207] Die Entwicklungspsychologie unterstreicht die bedeutende Rolle des haptischen Sinnes: In der kognitiven Entwicklung von Kindern wird deutlich, dass der Tastsinn erst zu einer Ausweitung der übrigen kognitiven Fähigkeiten führt.[208] Der Tastsinn hat eine vielschichtige Bedeutung: für die Wahrnehmung des physischen Selbst, die hilft, räumliche Dimensionen abzuschätzen und damit die anderen Sinne wie das Sehen zu kalibrieren; er ist Mittel sozialer Kommunikation und trägt gerade durch seine begrenzende Funktion zur Mediation persönlicher Erfahrungen bei[209]. Nicht zuletzt ist er ein Sinn, mit dem der Mensch einen aktiven und beidseitigen Dialog mit seiner Umwelt eingeht.

---

205   Immanuel Kant: Anthropologie in pragmatischer Hinsicht, § 17, zitiert nach: Kern: Motivation und Anwendungen haptischer Systeme, S. 8.
206   Kern: Motivation und Anwendungen haptischer Systeme, S. 10.
207   Ebd., S. 8.
208   Jörg: Per Knopfdruck durch die Kindheit, S. 51 ff.
209   Kern: Motivation und Anwendungen haptischer Systeme, S. 10.

Haptisches Feedback

Wenngleich in der Kognitionsforschung die Fernsinne des Sehens und Hörens besonders im Fokus standen und sich auch in den Paradigmen der Disziplin des Interaction Designs, insbesondere durch digitale Medien betont, wiederfinden, so spiegelt sich in der Materialität aller Schnittstellen dennoch ihre haptische Realität. In vielen Fällen wird der Dimension der Haptik in Interaktionen nach wie vor keine allzu große Bedeutung zugesprochen, dennoch wurde das Potential dieser weiteren Ebene der Informations-vermittlung bereits erkannt.

Vor allem in informationsintensiven Berufsfeldern besteht die Notwendigkeit, zusätzliche Daten sinnvoll auf die verschiedenen Sinne zu verteilen. Die ersten aktiv durch Haptik kommunizierenden Systeme wurden beispielsweise in den Cockpits von Flugzeugen eingesetzt, wo die durch Elektrizität ersetzte Hydraulik nachträglich simuliert wurde und durch Vibrationen am Steuerknüppel die Piloten auf kritische Situationen auf-merksam gemacht werden.[210] Doch voranschreitende Technologien führten in den meisten Fällen eher zur Abstumpfung dieses Sinnes, wie bereits im ersten Teil dargelegt wurde: »[...] im Handwerk hat mit dem Einsatz von immer flexibleren Maschinen die Abwendung vom Werkstück und dessen Eigen-schaften eingesetzt. Heute bemängeln Meister, dass Lehrlinge kein ›Gefühl‹ mehr für Materialien und ihre Eigenschaften haben [...].«[211] Die Substitution für das Wegfallen der direkten haptischen Wahrnehmung ist zum Ziel des Entwurfs haptische Geräte geworden. Ein Vorreiter in der Entwicklung solcher hoch technisierter, auf haptischer Ebene kommunizierender Werk-zeuge ist die Medizintechnik, die immer komplexere chirurgische Eingriffe ermöglicht. Auch im Alltag haben wir es täglich mit artifiziell erzeugten haptischen Sensationen zu tun. Der Vibrationsmotor im Mobiltelefon wirkt auch ohne optische oder akustische Signale und vermag es, eine Vielzahl an Informationen zu vermitteln: den Standort des Gerätes, das Glücken oder Scheitern von Interaktionen auf dem Touchscreen, differenzierte Informationen über empfangene Nachrichten und sogar ihre Zuordnung als Anruf, E-Mail, Textnachricht oder App-Notifikation. Dennoch fallen in elektrischen und digitalen Systemen weiterhin viele unmittelbar haptische Reize weg – und werden nachträglich bestenfalls artifiziell erzeugt.

Im Hinblick auf die Entwicklung des Interfaces schreibt Jochen Denzinger: »Mit den gewonnen Möglichkeiten und Freiheiten steigt [...] im gleichen Maße die Notwendigkeit, Produkte den verschiedenen sensorischen

---

210   Ebd., S. 18.
211   Ebd., S. 18.

Modalitäten entsprechend zu definieren und zu gestalten, um überhaupt
zu vermitteln, was das Ding per se sei oder könne oder wie es zu bedienen
wäre.«[212] Dabei schreibt er dem haptischen bzw. taktilen Feedback im
Bereich der digitalen Interaktionen große Bedeutung zu. Die Bedienung durch
physische Eingabegeräte wie die Maus oder die gestenbasierte Steuerung
der »natürlichen« *User Interfaces* zeugt von der Notwendigkeit, durch körperliche Interaktion digitale Prozesse zu vermitteln. Doch die tatsächliche
Erfahrbarkeit der haptischen Dimension bleibt auf das Führen der Computermaus oder das dezidierte Streichen über den Touchscreen beschränkt.
In seiner Abhandlung über die Bedeutung der Körperlichkeit für begreifbare
Interaktionen[213] zitiert Bernard Robben die einleitenden Worte des Architektur-
professors Malcolm McCullough: »Hands are underrated. Eyes are in charge,
mind gets all the study, and heads do all the talking. Hands type letters, push
mice around, and grip steering wheels, so they not idle, just underemployed."[214]
Dieser These der Unterforderung unserer Hände nimmt sich die Entwicklung
von begreifbaren Interaktionen an, die schließlich im Folgenden erläutert wird.

212   Denzinger: Der Interface-Komplex, S. 53.
213   Robben: Die Bedeutung der Körperlichkeit für be-greifbare Interaktion mit dem Computer, S. 28.
214   McCullough: Abstracting Craft, S. 1.

04 Begreifen

Im Erleben der Wirklichkeit ist Technik zu einem unverzichtbaren sowie
natürlichen Teil des Alltags geworden, dem sich kaum mehr eine Altersgruppe
entziehen kann. Entsprechend sind Interaktionsprinzipien und »[…] die
Mediatisierung unserer Lebenswelt in der Zeichenwelt des überall gegen-
wärtigen Computers ein unumstößlicher Fakt geworden«[215]. Mittlerweile sind
Generationen von Digital Natives zu jungen Erwachsenen geworden, die ein
Leben fern der technisierten Informationsgesellschaft nie kennengelernt
haben. Doch auch damit ist der technische Wandel natürlich noch längst nicht
abgeschlossen. Fortwährend begegnen wir neuen vielversprechenden oder
befremdlichen Technologien, die um einen Platz in unserem Alltag kämpfen,
sei es der vernetzte und kluge Kühlschrank, der persönliche Assistent, den wir
auf Zuruf bedienen, oder die Vorstellung autonom fahrender Fahrzeuge in
unseren Städten. In unserem Zeitalter der Vernetzung, der Industrie 4.0, des
ubiquitären Computers und des Datenhandels ist eine klare Tendenz, dass
Technologien weiterhin tiefer in den Alltag eindringen und damit näher an
den Menschen heranrücken werden. Die neuen, kleineren, klügeren, leistungs-
fähigeren elektronischen Akteure eröffnen eine noch stärker technisierte
Zukunft, für die nach wie vor viele Fragen ungeklärt sind – und weiterhin
Gestaltungsspielraum besteht.
      Im bisherigen Verlauf haben die einzelnen Teile dieses Buches
allesamt ihren eigenen Schwerpunkt gesetzt. Der erste Teil (»Bedienen«)
beleuchtete die verschiedenen Formen der Interaktion mit technologischen
Artefakten, die bis heute integrale Teile unseres Alltags sind. Über elektronische, digitale bis hin zu ubiquitären Interaktionen half die Betrachtung der
technischen Entwicklungen auch, nicht nur die Interaktionen selbst, sondern
auch ihre Bedeutung für das Erleben der Realität nachzuvollziehen. Der zweite
Teil (»Sehen«) widmete sich gänzlich den theoretischen Grundlagen, die die
Gestaltung solcher Interaktionen größtenteils bestimmt haben und noch bis
heute bestimmen. Wichtige Erkenntnisse zur menschlichen Wahrnehmung
und die Macht der Zeichenhaftigkeit von Produkten legitimieren dabei den
starken Fokus auf die Fernsinne, insbesondere die visuelle Wahrnehmung.
Der dritte Teil eröffnete dem gegenüber eine Perspektive, die die Rolle der
Körperlichkeit für Interaktionen mit Technik stärker in den Blick nimmt. Ihre
potenzielle Bedeutung für kognitive Prozesse sowie der dargelegte Einfluss der
materiellen Produktqualitäten eröffnen uns nun den Blick auf einen neuen
Ansatz in der Mensch-Maschine-Kommunikation. Hinter dem Begriff der
»begreifbaren Interaktionen« stehen Körperlichkeit und materielle Qualitäten
im Fokus der Gestaltung von Schnittstellen, die zwischen der physischen und
emotionalen Welt des Nutzers und der digitalen Freiheit der Technik vermitteln.

215   Robben: Die Bedeutung der Körperlichkeit für be-greifbare Interaktion mit dem Computer, S. 19.

Der folgende Teil erläutert nun diese Forderung nach Begreifbarkeit für
Mensch-Maschine-Interaktionen und legt Zielsetzungen, Einschränkungen
und Ansätze in der Entwicklung begreifbarer Schnittstellen dar. Mithilfe der
bisherigen Erkenntnisse aus den vorherigen Kapiteln wird für das Potential
von *Tangible User Interfaces* argumentiert. Daran anschließend werden
unterschiedliche Forschungs- und Entwicklungsansätze im Spannungsfeld
der begreifbaren Interaktionen dargelegt und anhand von exemplarischen
Schnittstellen illustriert. Hier endet die theoretische Auseinandersetzung
um die vage Frage nach der Begreifbarkeit von Technologien. Die Übersetzung
von Theorie in Praxis erfolgt schließlich in einem eigenen Entwurfsprozess.
Herangehensweise und Ergebnis des Prozesses werden in den letzten beiden
Kapiteln dokumentiert.

04.1 Be-greifbare Interaktionen

Hinter dem Konzept der begreifbaren Interaktionen steht das
Streben nach einer engeren Verknüpfung der materiellen mit der digitalen
Welt. Dabei stellen begreifbare Interaktionen jedoch keinen Angriff auf
bisherige Interaktionsprinzipien dar. »Begreifbarkeit zu fordern, ist nicht
identisch mit der romantischen Forderung, die Vormacht des Visuellen in der
Domäne der Digitalen Medien zu bekämpfen und Sinnlichkeit durch Greifen
zurückzugewinnen.«[216] Denn eine konsequente Abwendung von diesem
Visualismus hieße entsprechend, auch die Eigenschaften des Medialen und
Semiotischen zurückzuweisen. Wie im Vorherigen bereits dargelegt sind auch
digitale Technologien über ihre Schnittstelle immer an physische Materie
gebunden. Was sie dabei auszeichnet, ist gerade ihre Fähigkeit zur *Loslösung*
von dieser Materie, denn erst »[...] durch Differenz- und Formbildung
erzeugen sie Information«[217]. Die Bemühungen um begreifbare Interaktionen
verkörpern den Wunsch, ebenso wie den Dualismus von Körper und Geist auch
den Dualismus von stofflicher Materialität und medialer Virtualität aufzu-
heben. »Im deutschen Wort ›begreifen‹ drückt sich die Unmöglichkeit aus,
Sinn und Sinne klar in eine kognitive und eine perzeptive Sphäre zu trennen.
Begreifbarkeit bedeutet nicht, dass der Sinn buchstäblich einfach mit den
Händen fassbar wäre. Begreifbarkeit bezeichnet vielmehr vielfältige Relationen
zwischen Bedeuten und Erfassen, Fühlen und Erfahren, Denken und Wahrnehmen, die sich im medialen Raum verflechten.«[218] Eben hier setzt die
Entwicklung von begreifbaren Interaktionen an.

216   Robben und Schelhowe: Was heißt be-greifbare Interaktion?, S. 9.
217   Ebd.
218   Ebd.

Recap: Sind Bits weniger real als Atome?

Die Forderung nach begreifbaren Interaktionen soll im Hinblick auf die in den vorherigen Kapiteln gewonnen Erkenntnisse zusammenfassend erläutert werden. Unter Heranziehung von Bruno Latours *Actor–Network Theory* zeigte sich bereits im ersten Teil die unumstößliche Wirkung, die »dingliche Aktanten« auf Wahrnehmung und Verhalten des Menschen haben. Auch dem technologischen Artefakt kommt dabei die vermittelnde Rolle zu, das menschliche Erleben bedeutend mitzuformen. Mit der Ausformulierung seines Konzeptes zur materiellen Mediation rückt Peter-Paul Verbeek die Materialität in ein neues Licht und verhilft ihr so zu einem neuen Stellenwert. Der Technikphilosoph prägte für die Designpraxis so ein Vokabular, das sich in die visuell geprägte Produktsemiotik einordnen lässt. Die subtile, doch vermittelnde Macht von Produkten (die sich dabei lediglich als Nebenprodukt ihrer eigentlichen Funktion entfaltet) wird somit diskutierbar. Nicht zuletzt lässt sich Verbeeks Erklärung zur materiellen Mediation auch als Aufruf lesen, diese Qualitäten als integralen Bestandteil in den Gestaltungsprozess einzu-beziehen. Durch ihre physische Präsenz üben Objekte eine Macht aus, das Erleben der Menschen unterschwellig zu formen, und diese Macht geht damit in Teilen auch von ihren Machern und Gestaltern aus.

Die Unterscheidung Albert Borgmanns zwischen »nützlichen« und »guten« Technologien regt vor diesem Hintergrund eine differenziertere Betrachtungsweise technischer Produkte an, die insbesondere in Bezug auf den konsumorientierten Charakter unserer »technology-driven society« zum Tragen kommt. Anders als Latour, der einen generellen Einfluss der Dinge beschreibt, analysiert Borgmann eine bestimmte Konsequenz dieses Einflusses. Während im ersten Teil somit der Unterschied zwischen einnehmender Handlung und entfremdender Bedienung verdeutlicht wurde, müssen Borgmanns Ansichten aus heutiger Sicht jedoch losgelöst von der Alienations-these betrachtet werden. Die These der Entfremdung von der Realität bezieht sich stets auch auf die Definition dieser Wirklichkeit. Und die hat sich seit der Verfassung von Borgmanns Theorie im Jahr 1984 durch technischen Fortschritt und die voranschreitende Digitalisierung weiter verändert. Seine Idee der Ironie von Technologie kann somit nur in Teilen unterstützt werden. Schließlich sind es heute bereits mehrere Generationen, die als Digital Natives in der Informationsgesellschaft aufgewachsen sind. Unsere heutige Realität, insbesondere im Umgang mit Technologien, wird auch durch die Disziplin des Interaktionsdesigns geprägt, die eine Vielzahl an Paradigmen und damit einhergehenden Interaktionsformen schuf. Über zahlreiche Evolutionen des Interfaces konnten sie bis heute Gültigkeit bewahren und sorgen für einfache, schnell zu erlernende, effiziente und komfortable Interaktionen mit Produkten ganz im Sinne der *Five E's*. In diesem Punkt entsprechen unsere Interaktionsparadigmen tatsächlich sowohl den Befürchtungen Albert Borgmanns als auch Martin Heideggers Definition von Nützlichkeit, nach der sich uns Geräte nicht aufdrängen und somit Aufmerksamkeit für sich selbst erfordern dürfen. Den Komfort, den uns Technologie auf diese Weise im Alltag gewährt, möchte heute wohl niemand mehr missen. Doch die daraus resultierende Entfremdung, die Borgmann ausmacht, muss im Umkehrschluss längst nicht in einer romantischen Forderung nach einer Abkehr von modernen Geräten und einer Rückkehr in eine prä-technologische Ära münden. Das Gegenstück zur Entfremdung beschreibt Borgmann als engagement – und dies könnte durchaus auch ausgehend von modernen Produkten entstehen.

Hier setzt Verbeeks Konzept der *engaging artifacts* an, die als Gegenstück zum passiven Konsumieren den Balanceakt zwischen Nutzen und der aktiven Miteinbeziehung des Nutzers verkörpern. Verbeek skizziert eine neue Art von Produkten, die sich auf subtile Weise von gängigen *devices* unterscheiden. Während sie ihren Zweck erfüllen, wachsen sie über das *consumptive pattern* hinaus und lassen durch Interaktionen mit ihren Nutzern eine Beziehung entstehen. »For the designing practice, this implies a rehabilitation of the machinery of products. In order to involve people with products as material things and not only with their meanings or the life-styles they represent, products must be designed that are more dependent on humans rather than functioning quasi-autonomously.«[219] Der Raum für die Erkundung solcher neuer Interaktionsformen und -ziele besteht durchaus. Die Welt der Technik ist längst nicht mehr der Arbeitswelt vorbehalten, und neben hochtechnisierten Berufsfeldern ändert sich selbst dort der Nutzungs-kontext zu stets kollaborativeren, neuen Arbeitsformen. Doch vor allem sind Technologien mittlerweile auch im privaten Raum so präsent und unab-dingbar, dass sich die Suche nach neuen Interaktionen lohnen könnte: Interaktionsformen, die nicht für *Homo faber*, sondern für *Homo ludens* entwickelt wurden.

Bisher wurde das Potential von Technologien zu einem großen Teil noch anders genutzt. Entsprechen die eingangs beschriebene, konsumierende Nutzung von Technik im Sinne der *Five E's*, bzw. die reibungslose Co-Existenz mit Technik im IoT nun auch der Vision des *Ubiquitous Computing*s von Mark Weiser? Tatsächlich verschwinden allgegenwärtige Computer in den Dingen des Alltags und damit aus unserer Perzeption, während sie das Leben maß-geblich, aber mühelos prägen. Eine zweite, vielleicht genauere Interpretation von Weisers Vision stammt von Döring et al. Ziel sei nicht, so die Autoren, dass Technologie, so gut es geht, *in den Hintergrund trete*, sondern sich dem Menschen stattdessen, so gut es geht, *anpasse*. Diesen Gedanken fortführend

219   Verbeek: What Things Do, S. 229.

argumentieren sie für begreifbare Interaktionen. Denn die engere Verknüpfung zwischen digitaler und materieller Welt verspricht eine noch un-
mittelbarere, intuitivere Form der Interaktion, ganz ohne Umwege für den
menschlichen Nutzer. Der Ansatz der *Tangible User Interfaces*, physische
Elemente mit der digitalen Welt zu verbinden, liegen also im Spektrum der
sogenannten *realitätsbasierten* Interaktionen: Ihr Potential gründet sich zum
einen in ihrem starken Bezug auf die Gesetzmäßigkeiten der realen Welt, die
eigenen Erfahrungen der Menschen und ihre ausgezeichneten Fähigkeiten,
mit der Welt umzugehen; zum anderen in der gleichzeitigen Integration in
digitale Welten und den Leistungsumfang des Computers[220]. Ohne die
Komplexität und das Potential des Digitalen anzuerkennen und kompromiss-
los einzubeziehen, wären die Bestrebungen nach seiner physischen
Vermittlung fruchtlos. Doch nachdem die Desktop-Metapher zumindest
strukturell die (Arbeits-)Realität nachahmt, hat das Potential des physischen
Anteils in realitätsbasierten Interaktionen, auf den Döring et. al. ansprechen,
bisher wenig Aufmerksamkeit erfahren. Sowohl Bits wie auch Atome sind als
einzelne Entitäten nicht fassbar und werden in ihrem Wirken überhaupt erst
wahrnehmbar entweder als auf Daten basierender Aktion oder aber als Ansammlung zum physischen Objekt. Doch das Empfinden des Menschen prägt
sich vornehmlich über seine Erfahrungen in der stofflichen, festen Welt, deren
Gesetzen sich die fluiden digitalen Daten vermeintlich entziehen können.

Gerade in der deutschen Übersetzung des Begriffs der *Tangible
User Interfaces* schwingt noch eine zweite Dimension mit, die sich im Spiel
mit der Doppeldeutigkeit des Begreifens versteckt: Anhand von *Tangible User
Interfaces* wird erforscht, das intuitive Verstehen im Sinne eines kognitiven
Prozesses durch sensorische Erfahrungen zu unterstützen oder sogar abzu-
lösen.[221] Entsprechend wurde im dritten Teil die große Bedeutung körperlicher
Wahrnehmung und Handlung, dem kartesischen Dualismus entgegenstehend,
beleuchtet. Aufgrund ihres phänomenologischen und nicht empirischen
Ansatzes lassen sich die jungen Theorien unter dem Oberbegriff des
Embodiments zwar sowohl schlecht widerlegen, jedoch ebenfalls schlecht
beweisen. Zumindest im Spannungsfeld der begreifbaren Interaktionen
sind ihre Erkenntnisse jedoch bereits angekommen: »Für die Interaktions-
gestaltung zwischen Mensch und Computer bildet diese Perspektive einen
Grundpfeiler für neue Interaktionsformen, bei denen der Materialität der
verwendeten Artefakte und unserer Perzeption dieser ein neuer, hoher
Stellenwert zukommt.«[222] Fest steht, dass der Körper und seine körperliche

---

220   Döring, Sylvester und Schmidt: Be-greifen »Beyond the Surface«, S. 119.
221   Geelhaar: Zur Gestaltung be-greifbarer Mensch-Maschine-Schnittstellen, S. 192.
222   Döring, Sylvester und Schmidt: Be-greifen »Beyond the Surface«, S. 119.

Wahrnehmungen, das Physische und entsprechende materialbasierte Interaktionen im bisherigen Interaktionsdesign nur wenig Aufmerksamkeit
erfahren haben. Obwohl den Händen zwar stets die Rolle zukam, vermittelnd
mit der Maus zu zeigen oder über Touchscreens zu huschen, bleiben sie in
gewisser Weise unterfordert. Während frühe Versprechungen der Technologie
in Form von Künstlicher Intelligenz oder Virtual Reality stets auf die Loslösung
des Geistigen vom Körperlichen bauten, steht nun der Körper im Mittelpunkt
der Bemühungen um begreifbare Interaktionen.

      Anknüpfend an dieses Interesse muss der Ästhetikbegriff über
eine Fokussierung auf visuelle Qualitäten und die entsprechende Zeichenhaftigkeit unserer Produkte hinauswachsen. Wenn körperliche Interaktionen
eine größere Rolle in der Gestaltung von Interaktionen spielen, so müssen
dabei auch alle Sinneseindrücke beachtet werden, wie das Konzept der
materiellen Ästhetik vorschlägt. Diese Forderung zielt jedoch nicht auf eine
naive Abwendung von den (mittlerweile »überschwemmten«) Fernsinnen der
optischen und akustischen Wahrnehmung zugunsten der übrigen Sinne,
sondern auf die Gleichstellung der bisher vernachlässigten Sinne. Tatsächlich
macht Jens Geelhaar deutlich, dass auch die begreifbaren Interaktionen
von den vermeintlich rein visuellen Gestaltgesetzen profitieren können.
Auch sie stellen die Erlebniswelt des Menschen in den Vordergrund, arbeiten
mit assoziativen Verknüpfungen und Erkenntnissen über vermittelte
Kategorisierung durch Strukturierung und Zentrierung des Gegebenen hin
zum Gewünschten usw.[223] Als Beispiel führt Geelhaar eine Studie von Oviatt et
al. an, laut der sich Grundlagen wie das Gesetz der Nähe oder der Symmetrie
ihrerseits auf die Produktion von multimodalen Kommunikationsmustern
anwenden lassen.[224] [225]

Gestaltungsansätze

      Der am häufigsten gebrauchte Oberbegriff für begreifbare
Interaktionen ist *Tangible User Interface*, der sich in die Kolonne aus GUI,
NUI, VUI usw. nun als TUI einreiht. Momentan steht hinter dieser Bezeichnung
weniger eine Design-Profession als vielmehr ein Forschungsfeld, in dem das
Potential der körperlichen Wahrnehmung und Handlung für die Mensch-
Computer-Interaktion erkundet wird.

---

223   Geelhaar: Zur Gestaltung be-greifbarer Mensch-Maschine-Schnittstellen, S. 207.
224   Ebd., S. 204.
225   Oviatt, Coulston, Tomko, Xiao, Lunsford, Wesson, Carmichael: Toward a theory of organized multi-
       modal integration patterns during human-computer interaction.

Vor diesem Hintergrund werden unterschiedliche digitale Medien im Alltag in ihren verschiedenen ästhetischen (entsprechend des Verständnisses der ganzheitlichen Wahrnehmung durch alle Sinne) Dimensionen beobachtet. Mit der Betonung des Physischen in Bezug auf Repräsentation bzw. Manipulation digitaler Daten spielt die Einbeziehung haptischer Wahrnehmungen in die Interaktion eine bedeutende Rolle. Döring et. al sprechen von einem *material turn* im Interaktionsdesign und betonen dabei insbesondere die Wahrnehmung der Materialität gegenüber der einfachen Physikalität. So können verschiedene Materialien selbst gewisse *affordances* für bestimmte Interaktionsformen bieten, die ihnen dadurch eigen sind – dies wurde jedoch bisher noch nicht detailliert erforscht. Sie führen weiterhin den Begriff *Computational Composites* an, in dem der Computer bzw. die Elektronik-bauteile selbst als Material betrachtet werden: »Ein Computational Composite ist zusammengesetzt aus Computertechnologie bzw. Elektronikkomponenten und anderen Materialien, wie etwa traditionellen Designmaterialien. Indem der Computer als Material aufgefasst wird, werden auch seine Eigenschaften ähnlich wie bei herkömmlichen Materiealien beschrieben: [...] zu den Eigenschaften [der Elektronikbauteile] zählt die Durchführung abstrakter Berechnungen. Um den Computer also als Material sinnvoll nutzen zu können muss er kombiniert werden mit anderen Materialien, etwa solchen, die dehn-bare, optische oder akustische Eigenschaften haben.«[226] Ebenso wie bei herkömmlichen Kompositionen entsteht somit ein zusammengesetztes, neuartiges Material mit entsprechend neuen Eigenschaften. Neben den haptischen Qualitäten gehört dazu folglich auch die Fähigkeit zur Berechnung. So können Materialien entstehen, die verschiedene Zustände haben und etwa ihre Farben, Formen oder Positionen verändern können. [227] Ein wichtiger Forschungsansatz im Spannungsfeld der begreifbaren Interaktion basiert demnach auf der Investigation von kompatiblen, auf digitale Prozesse anwendbaren bzw. selbst zum Teil aus digitalen Komponenten zusammen-gesetzten Materialien. Einen Schritt in diese Richtung zeigen Döring et al. auch anhand des Ansatzes der *Material Probes* auf. Im Rahmen des Forschungs-projektes befragten die Interaktionsforscher Heekyoung Jung und Erik Stoltermann potentielle Nutzer nach bisherigen Erlebnissen mit den als angenehm oder unangenehm empfundenen Materialien von Produkten, führten Befragungen anhand von konkreten Materialproben durch und kategorisierten diese schließlich, um sie auf die Erstellung von Schnittstellen anzuwenden.[228] Auf diese Weise soll zur Schaffung eines neuen Materialbegriffs

226   Döring, Sylvester und Schmidt: Be-greifen »Beyond the Surface«, S. 121.
227   Ebd., S. 121 f.
228   Ebd., S. 120.

im Interaktionsdesign beigetragen werden, der zukünftig für die Disziplin eine strukturierte (und damit bewusste) Materialwahl ermöglichen kann.

An solche Bestrebungen anknüpfend stellen Döring et al. auch den Begriff der *Organic User Interfaces* vor. Die Interaktionsforscher David Holman und Roel Vertegaal wiederum erläutern in dem entsprechend benannten Artikel »Organic User Interfaces: Designing Computers in Any Way, Shape or Form« ihre Vision von formwandelnden und dreidimensionalen, gleichzeitig sowohl digitalen als auch physischen Objekten, die dabei simultan das Ein- und das Ausgabemedium darstellen.[229] Ihre Überlegungen bilden einen zweiten Ausgangspunkt im Forschungsfeld der begreifbaren Interaktionen. Dieser weitaus radikalere Ansatz denkt nicht komplementär zu Interaktionen und Repräsentationen auf den ebenen Oberflächen unserer Screens, sondern will diese durch eine organischere Verkörperung gleich ersetzen. Nach tangiblen versprechen organische Interaktionen nun noch intuitivere, noch enger an das menschliche Erleben angepasste Systeme.

Generell zeigt sich in der aktuellen Entwicklung von Schnittstellen die erfrischende Tendenz zur stärkeren Berücksichtigung nicht funktionaler Eigenschaften. Um diese in den Entwurfsprozess von Interaktionen zu inte- grieren und gegenüber anderen Eigenschaften ebenfalls nicht abzuwerten, entwarfen Thecla Schiphorst, Nima Motamedi und Norman Jaffe an der *Simon Fraser University* in Kanada ein Modell taktiler Ästhetik[230]. In Namen und Motivation an das bereits vorgestellte Konzept der materiellen Ästhetik erinnernd, stellen die von Schiphorst et al. aufgeführten Überlegungen ein in gewisser Weise engeres, doch damit auch konkreter auf die Gestaltung von Interaktionen anwendbares Modell dar. Die Betrachtungsgegenstände der taktilen Ästhetik gliedern sich nach vier Themenschwerpunkten. Unter dem ersten Titel, *Embodiment*, stehen (entsprechend der im dritten Teil dieser Publikation vorgestellten Ansätze) die ganzheitliche menschliche Wahr- nehmung und körperliche Präsenz im Fokus. Der zweite Schwerpunkt, Materialität, betrachtet insbesondere die materiellen Eigenschaften von Objekten. Analog dazu, wie im Kunsthandwerk das Material die Wirkung eines Werkes verändert, wird eine solche Wirkung entsprechend auch für Inter- aktionen analysiert. Das sensorische *Mapping* bildet den dritten Schwerpunkt des Modells, in welchem Assoziationen von Berührungen mit verschiedenen optischen oder akustischen Sensationen untersucht werden. Zuletzt werden unter dem Titel der *Semantics of Caress* (oder Semantik der Zärtlichkeit) in einer Reihe von Studien verschiedene haptische und taktile Reize jeweils

229   Holman und Vertegaal: Organic User Interfaces, S. 48.
230   Schiphorst, Motamedi und Jaffe: Applying an Aesthetic Framework of Touch for Table-Top Interactions.

bestimmten abstrakten Eigenschaften zugeordnet.[231] So entsteht innerhalb des Modells der taktilen Ästhetik die Formulierung einer Semantik für haptische Sensationen.

Neben solch theoretisch bzw. methodisch fundierten Ansätzen in der Entwicklung begreifbarer Schnittstellen lassen sich auch Projektbeispiele anführen, in denen die technische Umsetzung auf testbare Interaktionen mit potenziellen Nutzern trifft. »User Interfaces, die gute Beispiele darstellen für Ergebnisse eines materialzentrierten Interaktionsdesigns, sind in unserem Alltag bislang noch selten zu finden«[232], weshalb auch die beiden im Folgenden vorgestellten Projekte noch im explorativen Deckmantel der Interaktionsforschung eingehüllt bleiben.

Ein frühes Beispiel für die physische Visualisierung eines digitalen Systems in der Kategorie der begreifbaren Interaktionen ist die *Marble Answering Machine* von Durell Bishop. Er schlug vor, die Interaktion mit den digital gespeicherten Daten eines Anrufbeantworters über verschiedene Murmeln vorzunehmen: Die Maschine gibt jedes Mal eine Murmel aus, wenn eine ankommende Nachricht aufgenommen wurde. Entsprechend verweist die Reihenfolge der Murmeln dabei auch auf die Reihenfolge der gespeicherten Anrufe. Die Nachrichten können abgespielt werden, indem die Murmeln in eine kleine Einbuchtung gelegt werden. Ist sie für einen anderen Empfänger im Haushalt bestimmt, dann kann sie in entsprechenden Behältern abgelegt werden. Auch das Telefon selbst hat eine dezidierte Fläche, auf der die Murmeln platziert werden können, um den Anrufer gleich zurückzurufen.[233] Unabhängig von der Telefontastatur wurden in der Funktionsweise des Anrufbeantworters sämtliche Tasten durch Murmeln ersetzt, die sich als Interface sogar losgelöst von der eigentlichen Maschine bewegen lassen. Besonders spannend an diesem Interaktionskonzept ist sein Entstehungskontext: Bishop, der heute eine Professur für *Tangible Interfaces* am *Copenhagen Institue of Interaction Design* innehat, formulierte das Konzept bereits im Jahr 1992, damals noch als Student am Royal College of Art in London. Etwa analog zu Weisers Formulierung der Vision eines allgegenwärtigen und unsichtbaren Computers zeichnete Bishop mit der *Marble Answering Machine* ein verspieltes und vor allem materialisiertes Bild von zukünftigen Interaktionen mit Technologien, das heute als eine der ersten Formulierungen von *Tangible User Interfaces* gilt.

231   Döring, Sylvester, und Schmidt: Be-greifen »Beyond the Surface«, S. 120 f.
232   Ebd., S. 132.
233   Lübbecke: Tangible User Interfaces und Accessibility, S. 158 f.

Nun, fast dreißig Jahre später, gilt das *MIT Media Lab* als Wegbereiter der
Erforschung neuer Formen der Interaktion zwischen Mensch und Maschine.
Dabei hat sich seine *Tangible Media Group* im Besonderen der Forschung zu
begreifbaren Interaktionen verschrieben. »The Tangible Media Group, led by
Professor Hiroshi Ishii, explores the Tangible Bits & Radical Atoms visions to
seamlessly couple the dual world of bits and atoms by giving dynamic physical
form to digital information and computation.«[234] Schon im Jahr 1997 begann
die Gruppe mit Alternativen zu painted bits – ihrem Begriff für grafische
Schnittstellen – zu experimentieren, die ihrer Meinung nach zu wenig auf die
ausgeprägte Fähigkeit des Menschen eingehen, die physische Welt wahrzu-
nehmen und zu manipulieren. *Tangible User Interfaces* hingegen bauen auf
dieses menschliche Geschick auf, indem sie die Affordanzen physischer
Objekte, Oberflächen und Räume erweitern, um direktere Interaktionen mit
der digitalen Welt zu unterstützen. So entstand zunächst das Konzept der
Tangible Bits, der physischen Repräsentation digitaler Informationen, die in
zahlreichen Projekten prototypisiert und erforscht wurde.

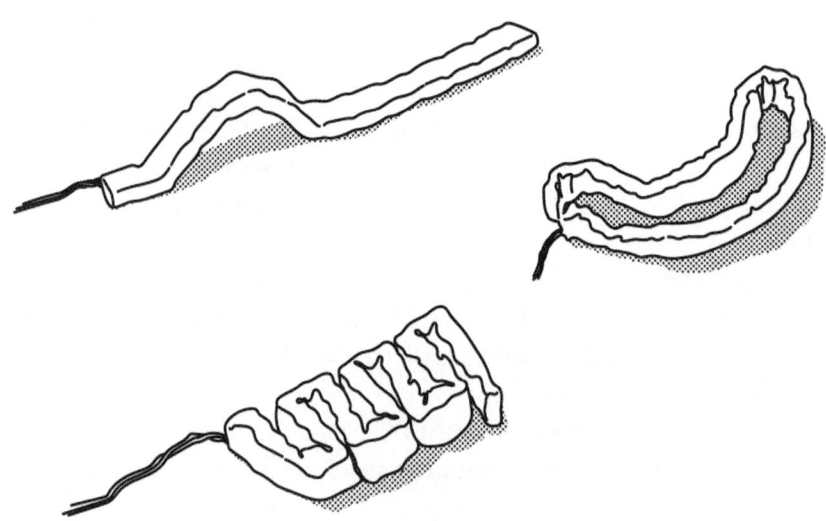

Abb. 16 Aus vielen aneinandergereihten Motoren und
Sensoren konstruiert verändert das Interface "LineForm" der
Tangible Media Group je nach Anwendungsfall seine Form.

234   MIT Media Lab: Vision Statement der Tangible Media Group.

Darauf aufbauend erweiterte die *Tangible Media Group* ihre Forschungsvision bald auch um das Konzept der Radical Atoms. Statt die abstrakten Bits in die materielle Welt zu holen, wird durch dieses Konzept nun die Rigidität der stofflichen Welt hinausgefordert indem physische Objekte um die fluiden Eigenschaften der digitalen Welt ergänzt werden. Gegenstand dieses Forschungsbereiches ist die hypothetische Generation von formwandelnden Materialien, die (an *Computational Composites* und *Organic User Interfaces* erinnernd) in der physischen Welt ebenso rekonfigurierbar werden, wie Pixel es auf einem Bildschirm bereits sind. Diese Vision der Interfaces der Zukunft soll als die neuste Generation von Schnittstellen den Begriff der *Material User Interfaces* (MUIs) prägen.[235] Vor dem Hintergrund dieser Zielsetzung brachte die *Tangible Media Group* in ihrer langjährigen Forschungsgeschichte zahlreiche Konzeptvorschläge zu Hybriden von begreifbaren Interfaces und selbst-agierenden Materialien hervor. Insbesondere ihre in verschiedenen Variationen realisierten formwandelnden und interaktiven Displays verdienen dabei besondere Anerkennung. Die zahlreichen Forschungsprojekte der *Tangible Media Group* eröffnen durch ihre modellhaften Visualisierungen einen Blick auf die Vielfältigkeit einer Zukunft alternativer und physischer Brücken ins Digitale. Dabei bedient sich die Forschungsgruppe wie die Industrie auch der heute bereits bestehenden technischen Möglichkeiten, kann jedoch frei von ökonomischen Erwägungen und fern des *usability paradigm* forschen und technologischen Fortschritt in neue Richtungen weiterdenken.

235   Ebd.

04.2 Entwurfsprozess

Im praktischen Teil erfolgt nun die Anwendung der theoretischen Erkenntnisse über die komplexe Beziehung zwischen Mensch und Technik in einem konkreten Produktentwurf. Das Projekt, das begreifbare Interaktionen zum Entwurfsziel hat, dokumentiert die Exploration, inwiefern haptische Schnittstellen auf eine materielle Weise den Umgang mit abstrakter Technologie vermitteln können.

Begleitend zu dem vorliegenden Text entstand das auf den folgenden Seiten dokumentierte Projekt im Wintersemester 2017/2018 im Fachbereich Industriedesign an der *Konstfack University of Arts, Crafts and Design* in Stockholm. Unter Betreuung durch Prof. Jonas Ahnme von schwedischer Seite sowie durch Prof. Hatto Grosse der KISD war die Arbeit Teil des Projektes »Action and Failure«. Anhand einer frei wählbaren Thematik rückte so der betont handlungsorientierte Gestaltungsprozess in den Fokus. In Kombination mit dem Entwurfsziel der körperlich motivierten Interaktionen standen während des gesamten Prozesses die haptische Wahrnehmung und daran anknüpfend die Erforschung der materiellen Interaktion zwischen Mensch und Technik im Vordergrund. Anhand von Beobachtungen und deren Archivierung, der Sammlung von Materialproben, haptischen Investigationen, Nutzerbefragungen, einem explorativen Workshop, Materialexperimenten, sensorbasierter Programmierung und mehreren Iterationen sowohl von analogen als auch programmierten *Rapid-Prototyping*-Modellen, entstand schließlich eine Serie von begreifbaren Schnittstellen, die exemplarisch auf die Regulierung von Licht angewandt wurden. Das folgende Kapitel dokumentiert die entsprechende Herangehensweise. Leser*innen, die nicht an den Details dieses Entwurfsprozesses und den technischen Spezifikationen der resultierenden Funktionsmodelle interessiert sind, können die folgende Dokumentation überspringen.

Exploration

»Haptic means to make the senses drool, doesn't it?«[236], fragte
der Produktdesigner Jasper Morrison in einem Gespräch mit Kenya Hara. Er
verglich haptische Erfahrungen mit dem Anblick eines appetitlichen Gerichts,
bei dem einem das Wasser im Munde zusammenläuft – alle Sinne hungrig
machend. Seine Frage bildete den Ausgangspunkt der im Folgenden
dokumentierten Explorationen. Kenya Haras Aufruf folgend, »to design an
object not based on form or colour, but motivated primarily by haptic
considerations«[237], wurde die Herausforderung angenommen, die haptischen
Sinneseindrücke in den Vordergrund des Entwurfsprozesses zu stellen. Anstatt,
wie es in der Designpraxis häufig geschieht, primär visuelle Faktoren die Formgebung beeinflussen zu lassen, sollten stattdessen haptische Wahrnehmungen
den Entwurf inspirieren.

Die Exploration begann zunächst mit Beobachtungen und foto-
grafischer wie filmischer Dokumentation einer Vielzahl von Interaktionen im
Alltag, im privaten und im öffentlichen Raum. Mit einem geschärften Blick
für die entstehenden körperlichen Aktionen und haptischen Erfahrungen
entstand begleitend zu dem wachsenden Film- und Fotoarchiv allmählich
auch eine Sammlung reizvoller Objekte, Materialproben und dokumentierter
Handlungsabläufe. Beim Betrachten machten sie deutlich, was Morrison so
bildhaft beschrieben hatte: Materialität, die auf einer tiefen Ebene die Sinne
reizte und sich damit als spannender Ausgangspunkt zur Gestaltung haptisch
motivierter Interaktionen eignete.

Um den Entwurfsprozess anstoßen zu können, musste die anfangs
noch sehr große Anzahl zunächst neutraler Beobachtungen jedoch
differenzierter betrachtet und kategorisiert werden. Das Ziel der sinnlichen
Explorationen aus dem Alltag war es schließlich, digitale – und das bedeutet
zunächst: binär übersetzbare – Interaktionen mit Technik zu gestalten.
Entsprechend wurden die gesammelten Artefakte und Materialproben auf
ihr Potenzial hin betrachtet, durch elektronische Akteure und Sensoren
tatsächlich digital auswertbare Daten produzieren zu können. Eine erste
Vorauswahl von zwölf Artefakten wurde aufgrund ihrer Anwendbarkeit auf
schlüssige, doch noch grobe Funktionskonzepte getroffen. Diese Artefakte
stellten frühe Stellvertreter für je ein Konzept begreifbarer Interaktionen dar.
Sowohl durch ihre sinnlich-materiellen Eigenschaften als auch durch ihre technische Realisierbarkeit boten die Fundstücke Potenzial zur Weiterentwicklung
und damit einen geeigneten Startpunkt für weitergehende Explorationen.

236   Jasper Morrison, in: Hara: Designing Design, S. 80.
237   Ebd., S. 69.

Diese fand auf zwei Ebenen statt. In einem ersten Schritt wurden die
Materialien und Objekte auf die konkreten Handlungsmöglichkeiten hin unter-
sucht, die sie anboten (ihre *affordances*, um es mit Normans Worten zu sagen).
Neben einer Auflistung vieler rudimentärer Funktionen zeigte dieser
Prozessschritt auch, dass verschiedene Personen entsprechend unterschiedliche Assoziationen zu den Aktionen hatten, die von den jeweiligen
Materialien ausgehen. Deshalb wurden zwölf Testpersonen dazu eingeladen,
ihre Empfindungen schon in dieser frühen Projektphase zu teilen. Die
Probanden nahmen, begleitet von einem kurzen Fragebogen, jeweils eines
der zwölf Objekte in ihr privates Umfeld mit, wo sie dieses als fiktive Schnittstelle betrachten und ihre Eindrücke dokumentieren sollten. Dieses bewusst
analoge, also betont nicht technische *Interaction-Prototyping* mit zwölf
Probanden erlaubte Erkundungen fern von restriktiven Überlegungen über
die technische Machbarkeit.

Abb. 17 Eine erste Auswahl der Testobjekte als Ausgangspunkt.

Zeitgleich, doch getrennt von diesen eher assoziativen Explorationen, wurden in einem zweiten Schritt auch die zuvor nur umrissenen, potenziellen Funktionsweisen der möglichen Interfaces weiter untersucht. Anhand von Experimenten mit Sensoren, den Materialproben selbst und erster Programmcodes ließen sich die Funktionskonzepte allmählich konkretisieren. Während dieselben Objekte also aus zwei unterschiedlichen Vorgehensweisen entsprechenden Perspektiven betrachtet wurden, stellte das Zusammenführen der Ergebnisse schließlich die Auswahlgrundlage für vier Konzepte dar. Sie boten eine schlüssige Lesbarkeit als potenzielle Interfaces für digitale Prozesse und erzielten zudem in den Explorationen mit den Testpersonen vielversprechendes Feedback zu tatsächlichen Interaktionen.

Konzeption

Die Explorationen auf den verschiedenen Ebenen der Materialität (haptische Sensationen), der Technik (der technischen Realisierbarkeit) und der Menschen (der Interaktion mit den Artefakten) führten zu einer Auswahl von vier Interaktionskonzepten, die den weiteren Verlauf des Entwurfsprozesses bestimmen sollten. Die ausgewählten Aktionen und Sensationen waren: 1. das Erspüren eines sich verlagernden Gewichtes, 2. das Biegen einer nachgiebigen Form, 3. das Ertasten von Strukturen unter einer Oberfläche sowie 4. das Streichen über eine Oberfläche.

Erste Versuchsaufbauten unter starker Einbeziehung von Programmentwürfen der Entwicklungsumgebung des Microkontrollers Arduino erbrachten schließlich den *Proof of Concept* für die geplanten Interaktionen, die auf den Materialproben basierten. Funktionsmodelle aus einfachen Komponenten wie Pappe, Kupfergitter und Schaumstoff ermöglichten es bereits in dieser Projektphase, mit den Interfaces zu interagieren und digitale Signale auf einer rudimentären Ebene zu steuern. Der Grundstein ihrer technischen Funktionsweise war somit gelegt, doch auch ihre weitere Entwicklung sollte sich nicht primär von der technischen Umsetzung lenken lassen. Stattdessen wurde erneut die menschliche Dimension der körperlichen Wahrnehmung und Handlung untersucht.

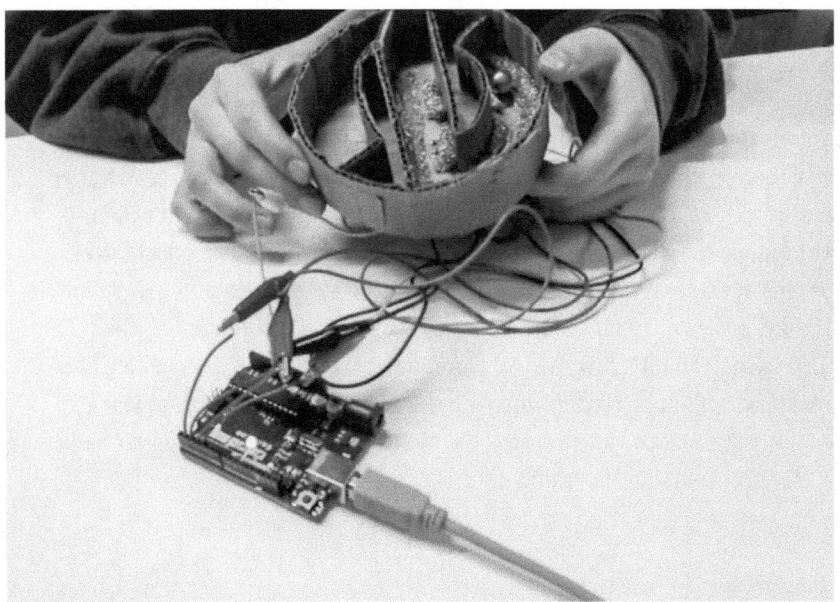

Abb. 18–21 Rudimentärer »Proof of Concept« der Technik
hinter den einzelnen Interaktionen. Diese Seite: Schließen
von Kontakten durch das Ausbalancieren einer Metallkugel.
Rechte Seite (von oben nach unten): Erste versuche mit Flex-
sensoren; kapazitive Erkennung des Nutzers; das Schließen
von Kontakten mit leitfähigem Gummi.

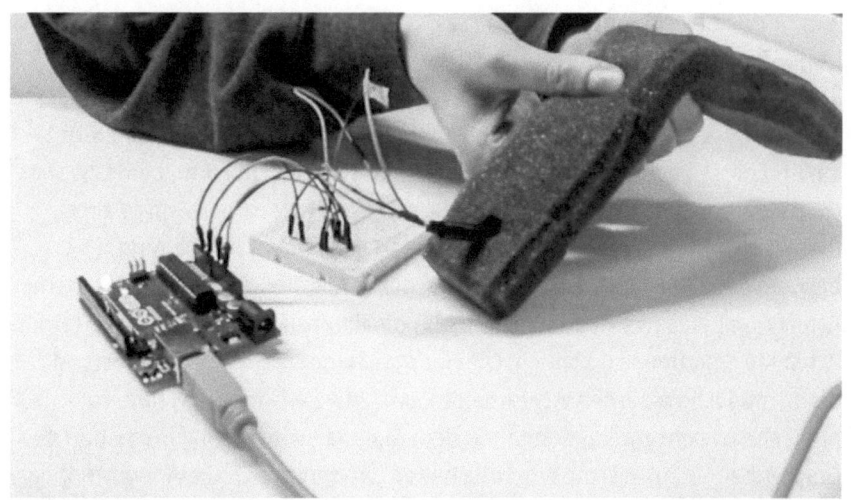

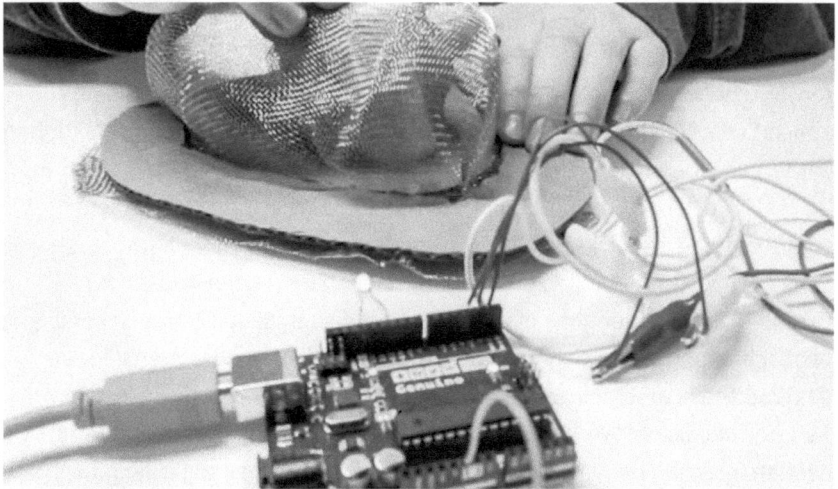

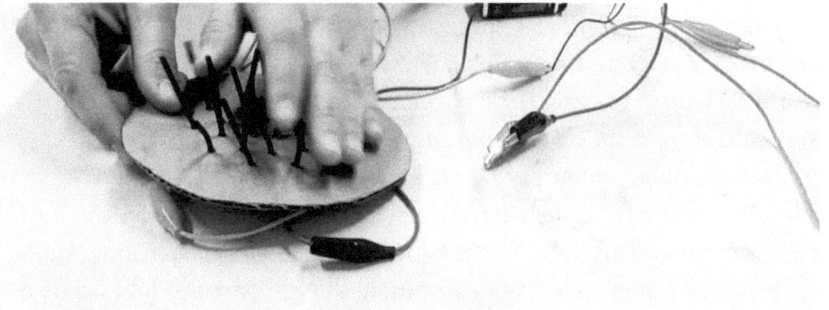

Entwicklung

In diesem Sinne wurden die vier neuen Ausganspunkte zu einer
Serie von analogen Variationen weiter ausgearbeitet. So entstanden vier kleine
Objektfamilien, die jeweils mit den verschiedenen materiellen Parametern
ein und derselben Interaktion bzw. Sensation spielten. Im Format eines Workshops wurden die zwölf Testpersonen der ersten Prozessphase eingeladen,
diese Eigenschaften zu testen. Angelehnt an den *Material Probe* Ansatz
bestand das Ziel darin, die Interaktionen der Probanden mit den verschiedenen
Artefakten detailliert zu beobachten, um die Potenziale und Qualitäten der
Artefakte einordnen zu können. Die Hauptaufgabe der Teilnehmer bestand
darin, mögliche Aktionen zu erarbeiten, um fiktive elektrische Geräte zu
bedienen. Welche Interaktionen mit dem Material würden ein Einschalten des
Gerätes bedeuten? Welche ein Ausschalten? Änderten sich die Antworten,
wenn zusätzlich zu den beiden ersten Befehlen noch zwei weitere zur
Regulierung der Intensität hinzukamen? In Anlehnung an die im vorherigen
Kapitel vorgestellten Konzepte der Semantik der Zärtlichkeit und des
sensorischen *Mappings* von Interaktionen ließen sich auf diese Weise ausgehend vom Objekt einheitliche Qualitäten und Handlungen der Interaktionen
entdecken, überprüfen und konkretisieren.

Im Workshop wurden je nach Objektfamilie spezifische Eigenschaften untersucht. Die Dokumentation des jeweiligen Entwurfsprozesses
der einzelnen Schnittstellen erläutert diese Beobachtungen und die resultierenden Entscheidungen auf den folgenden Seiten näher. Einige generelle
Beobachtungen lassen sich jedoch übergreifend für den gesamten Verlauf
des Workshops beschreiben. So unterschieden sich die Antworten je nach
Hintergrund der am Workshop teilnehmenden Personen. Die Vorerfahrungen
der Befragten mit der Thematik Interfacedesign, eventuell sogar Tangibles
und auch ihre Auseinandersetzung mit der Materialität eines Objektes
beeinflussten die Experimentierfreudigkeit im Umgang mit den Artefakten
und damit die Ergebnisse der dokumentierten Interaktionen. Zudem
lehrte der Workshop erster Hand die bereits im zweiten Teil beschriebenen
Konzepte der *affordances* und *constraints*, »the perceived and actual
properties that determine just how the thing could possibly be used«[238]. Denn
in manchen Fällen erlaubten die bewusst *low-tech* gehaltenen Modelle
durch eben diese Qualität auch das Experimentieren mit einigen Interaktionen,
die in der Erstellung der Artefakte ursprünglich nicht beabsichtigt (und damit
aber ebenso wenig bewusst eingeschränkt) wurden: das Auseinandernehmen.

238   Norman: Psychology of Everyday Things, S. 9.

An vielen anderen Stellen überschnitten sich die Antworten und Interaktions-
vorschläge der Teilnehmer untereinander jedoch und deckten sich ebenfalls
mit den technischen Vorstellungen programmierter Interaktionen. So konnten
basierend auf den Ergebnissen vier Funktionspläne erstellt werden,
in denen die genauen physischen Interaktionen mit der entsprechenden
Produktion von digitaler Information gekoppelt wurden. Die folgenden Seiten
dokumentieren den jeweils spezifischen Entwicklungsprozess für die vier
einzelnen Schnittstellen.

04.3 Vier Schnittstellen

Inhaltliche Zielsetzung des Entwurfs war die auf materiellen Eigenschaften und haptischen Sinneswahrnehmungen basierende Interaktion –
als Input für das systemische Modell eines Computercodes. Als erster Schritt
der Entwicklung von begreifbaren Interaktionen wurde im Rahmen des
Projektzeitraumes eine Entscheidung für eine Konzentration auf das Eingabe-
medium getroffen, womit die reizvolle Verknüpfung der Ein- und Ausgabe-
medien, die ein besonderes Ziel der Forschung nach *Organic User Interfaces*
darstellt, zunächst auf einen späteren Zeitpunkt verschoben wurde. Die Entscheidung für einen leicht nachvollziehbaren, allgegenwärtigen und intuitiv
verständlichen Output entsprach dem Fokus auf den System-Input: Licht, das
stellvertretend für viele weitere Anwendungsmöglichkeiten stehen kann, den
Entwurfsprozess jedoch durch die Möglichkeit zum sensorischen *Mapping* der
Interaktionen unterstützte. Die Explorationen mündeten schließlich in dem
Entwurf einer Produktfamilie von vier Schnittstellen, deren Wirkungsweisen
nicht primär visuell erklärbar sind und durch haptische Auseinandersetzungen
erfahren werden müssen. Hierbei bezieht die Schnittstelle das körperliche
Handeln des Nutzers in ihr Wirken mit ein. Sämtliche der im folgenden
dargestellten Prototypen agieren über programmierte Mikrocontroller, die
an aus PLA per Stereolithografie gedruckte Kunststoffbauteile, Sensoren und
Widerstände sowie weiche Bestandteile aus Silikon gekoppelt sind.

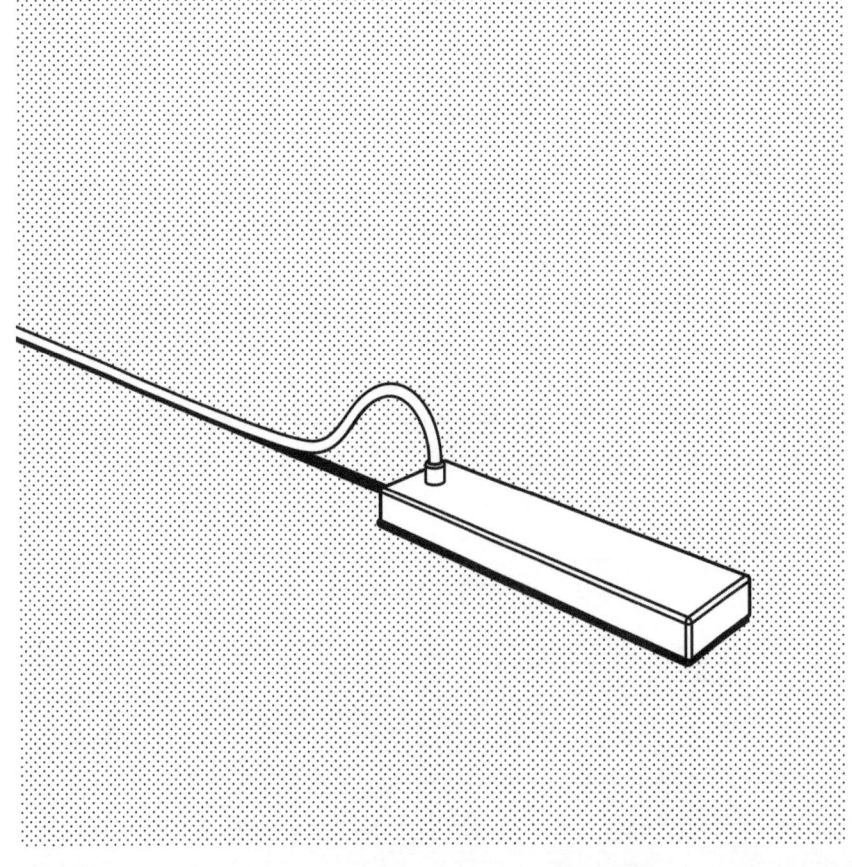

Verbiegen – Funktionsweise

Die Interaktion mit der ersten Schnittstelle geschieht über Manipulation ihrer Form durch Verbiegen. Zum Messen der Biegung im Material wurden Flex-Sensoren verwendet, die ähnlich auch im *Power Glove*, dem Gaming-Handschuh von Nintendo, verbaut werden. Der Sensor verkörpert einen elektrischen Widerstand, dessen Stärke sich je nach Intensität der Verformung verändert. Seine Funktionsweise basiert auf einer polymeren Tinte, die leitfähige Partikel enthält. In seiner neutralen Position liegt der Widerstand der Tinte bei ungefähr 30 Kiloohm. Durch eine Biegung des Sensors jedoch bewegen sich die Partikel weiter voneinander weg bzw. näher zueinander hin und verändern damit den Widerstand auf beispielsweise 50 bis 70 Kiloohm, wobei der Wert je nach Länge des Sensors und Biegungsrichtung variiert.

Der sich verändernde Widerstand im Sensor kann von den Analog-Input-Pins des Mikrocontrollers Arduino gelesen werden, die eine einkommende Voltstärke zwischen 0 und 5 Volt lesen, als *Integer*-Werte (dem ganzen Zahlen entsprechenden Datentyp) interpretieren und an die Software weitergeben können. In dem gewählten Aufbau leitet der Mikrocontroller selbst eine Ladung von 5 Volt durch den Sensor, der diesen Wert entsprechend seines Widerstandes verzerrt zurückgibt. Mit einer Verzögerung von 100 Mikrosekunden scheint die Biegung gefühlt in Echtzeit im Programm wiedergegeben zu werden. Dabei sind die gelesenen Werte jedoch oft ungenau, denn die leitenden Partikel in der Tinte bewegen sich langsamer an ihre Ausgangsposition zurück als davon weg. Zudem ist die Biegung vom Hersteller nur in eine Richtung, – nach außen – angedacht. Diese Voraussetzungen machen eine exakte Wiedergabe des Sensorwertes in Echtzeit für den Prototypen somit nicht erstrebenswert. Da mehrere Sensoren genutzt werden, arbeitet der Programmcode mit einem Schwellwert, dessen Überschreitung angeben kann, wann, wo und wie viele Sensoren sich jeweils in einer Biegung befinden. Daraufhin lässt sich das Licht, basierend auf der tatsächlichen Biegung des Objektes, in verschiedenen Phasen steuern.

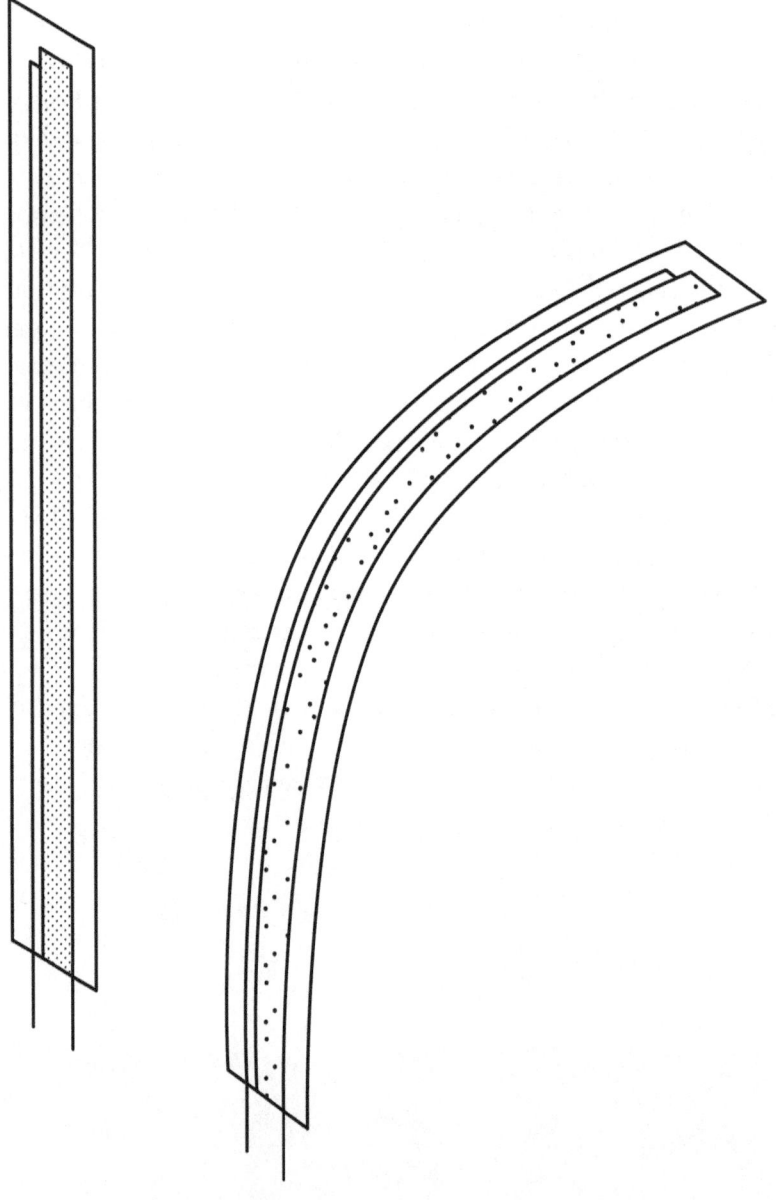

Abb. 23 Schematische Darstellung der Funktionsweise eines Flex-Sensors

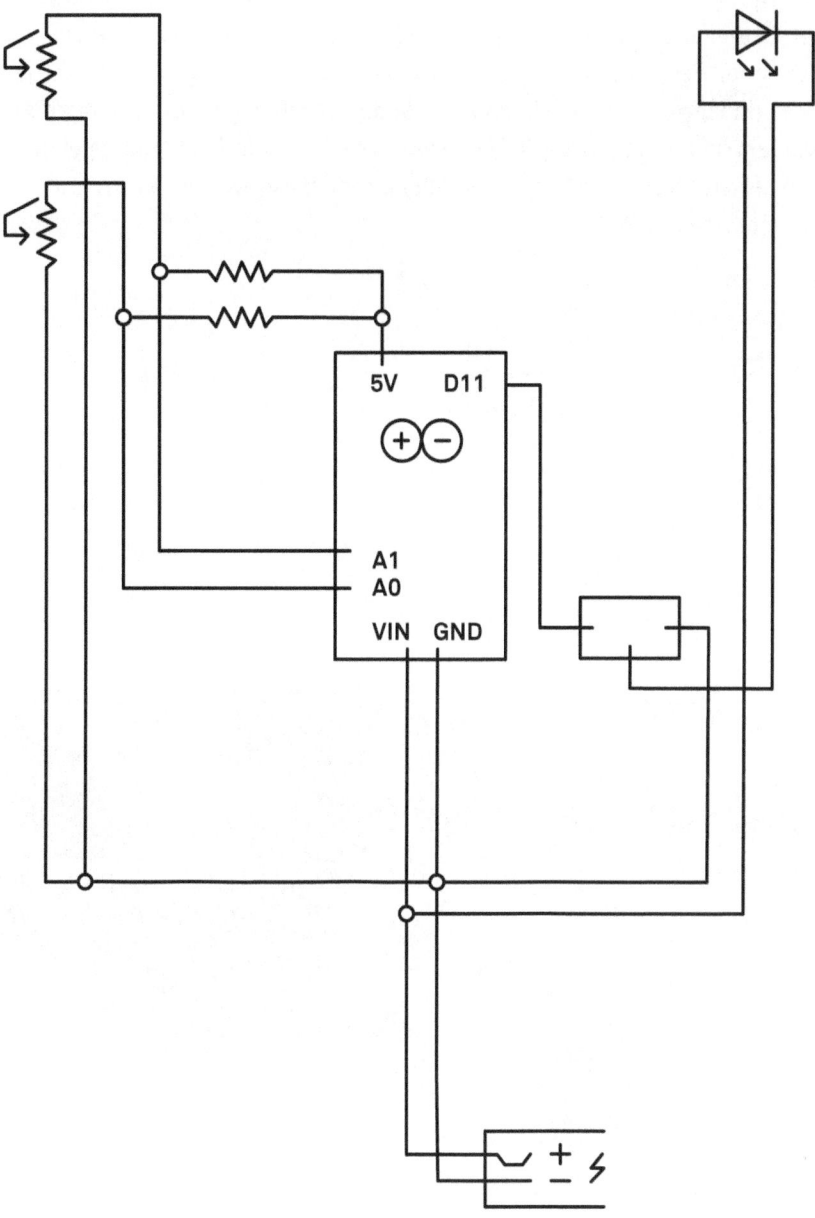

Abb. 24 Schaltkreis mit zwei Flex-Widerständen

Verbiegen – Formexploration

Die Exploration im Workshop untersuchte insbesondere verschiedene Grade von *constraints* im Objekt. Zwischen Varianten mit zweien, einem oder keinem freien Ende des zu biegenden Gegenstandes sowie befestigt auf massiven Körpern in verschiedenen Größen, überzeugte schließlich die einfachste. Basierend auf den Ergebnissen der Nutzertests wurde eine Form gewählt, die durch möglichst wenige materielle Einschränkungen einen hohen Bewegungsfreiraum einräumt. Angelehnt an die Dimensionen klassischer Fernbedienungen kann das Objekt so frei manipuliert und in verschiedene Positionen gebracht werden. Die Lichtwerte, die durch die Biegung hervorgerufen und gleichzeitig durch das Resultat der Einwirkung physisch verkörpert werden, sind somit an den Positionen des Objektes ablesbar. Dabei zeigten sich bei allen Befragten klare Assoziationen von dynamischen Formen mit starkem Licht.

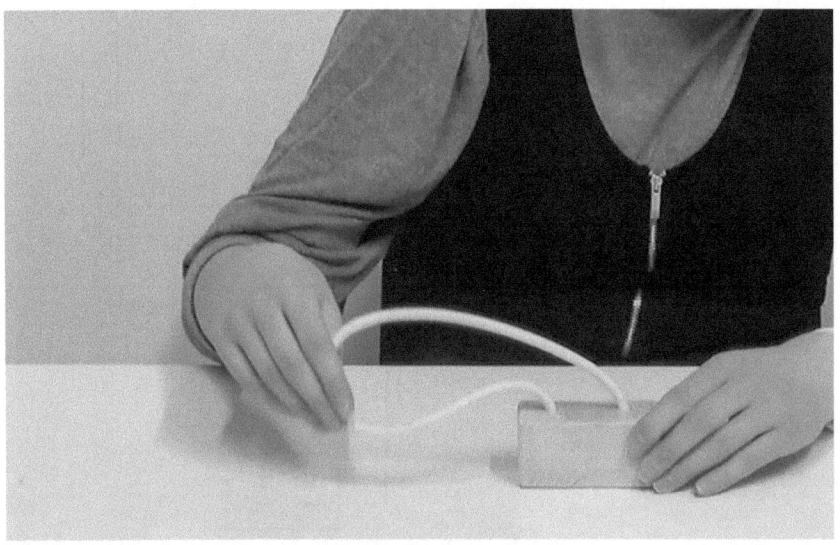

Abb. 25–28 Aufnahmen aus dem explorativen Workshop

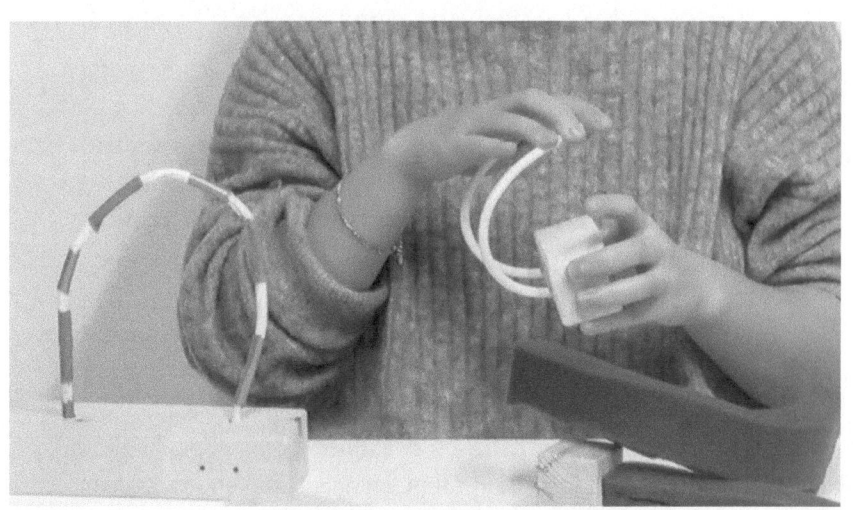

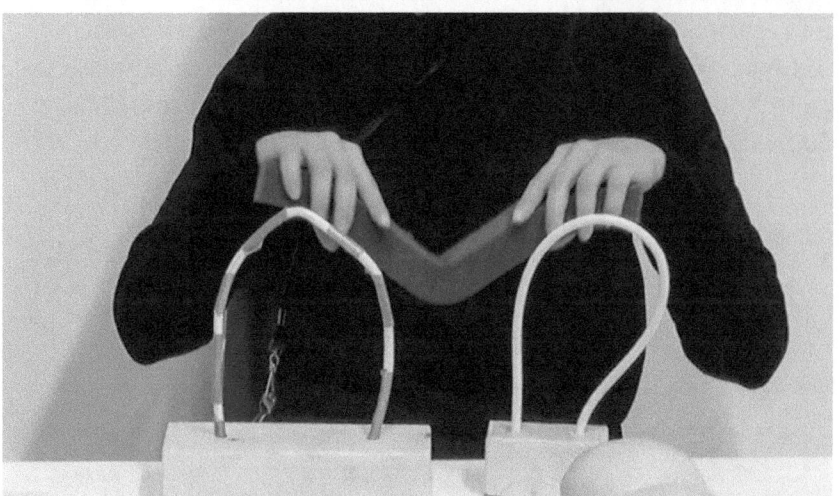

Verbiegen – Konstruktionsdetails

Den Entwurf erschwerte, dass die zur Auslesung von Biegungen
konzipierten Flex-Sensoren relativ empfindlich gegenüber Druck sind
und bei falscher Handhabung schnell zu brechen drohen. Dieser weitere Faktor
unterstützte die Entscheidung für Silikon, das neben seinen Eigenschaften
als weiches, flexibles und widerstandsfähiges Material bezüglich der
gewünschten haptischen Sensationen auch die Sensoren bei optimaler
Bewegungsfreiheit unter idealen Schutz stellt.

Das Modell der Schnittstelle umfasst zwei Sensoren, die somit eine
Biegung über die gesamte Länge des Objektes messen können. Eine Metall-
leiste sorgt für die geforderte Stabilität im Silikon, um seine Position nach der
initialen Manipulation weiterhin halten zu können. Zusammen sind diese
beiden Komponenten eingefasst in einen schmalen Streifen aus opakem
Silikon, der die Technik im inneren der Schnittstelle nicht nur schützt, sondern
auch verbirgt. Dieser Streifen wiederum liegt gänzlich eingefasst in einem
Körper aus lichtdurchlässigem Silikon, der durch seine in verschiedenen Tests
variierte Stärke nun eine geeignete Mischung zwischen haptisch erfahrbarer
Objekthärte und seinem Weichheits-, also Flexibilitätsgrad darstellt.

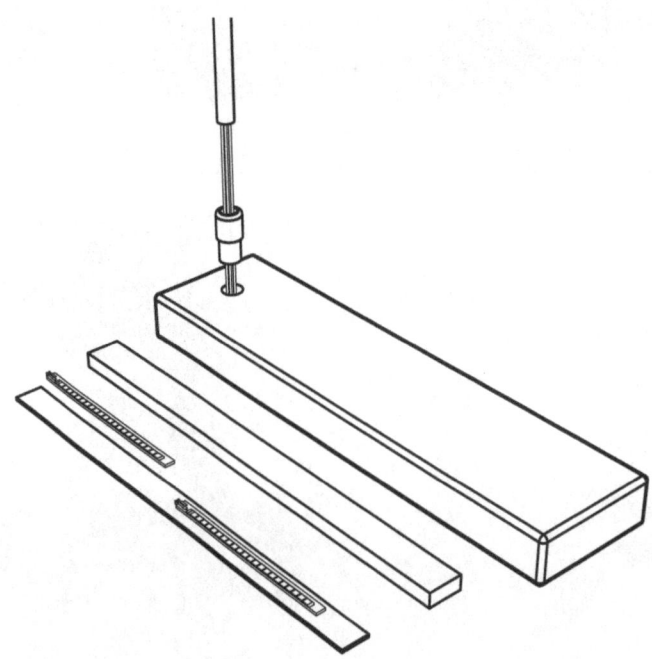

Abb. 29 Explosionsansicht des Interfaces

Verbiegen – Modellbau

Das Objekt wurde in drei Phasen in Silikon gegossen. Die erste
Schicht dient dem Schutz der Sensoren und hüllt das Kabel samt seiner
Fassung in einen blauen Mantel aus Silikon ein, der später durch das Objekt
schimmert und opak seinen Inhalt im Objekt andeutet. Aus einem Zweikomponenten-Modellsilikon wurde ein Negativabdruck des Formmodells
erstellt, das in einer zweiten Phase zur Hälfte mit rötlichem Silikon gefüllt
wurde. Nach seiner Trocknung konnte anschließend der die Sensoren
beinhaltende Streifen mittig des Objektes platziert und mit der verbleibenden
Hälfte des Silikons eingefasst werden. Im manuellen Guss zeigte sich
jedoch, dass an die Oberfläche aufsteigende Lufteinschlüsse zu störenden
Oberflächenstrukturen führten. Daher wurde die Gussform von einer ge-
schlossenen zu einer nach oben hin geöffneten Form verändert, um der
Luft ausreichend Möglichkeit zum Entweichen zu bieten. Der resultierende
Glanzunterschied zwischen der an der Luft getrockneten Seite und denen
 im Inneren der Form wurde durch ein Abschleifen der Oberflächen aus-
geglichen. Die ebenfalls in das Silikon eingelassene Kabelfassung wurde aus
PLA gedruckt und entsprechend in den Silikonkörper eingegossen.

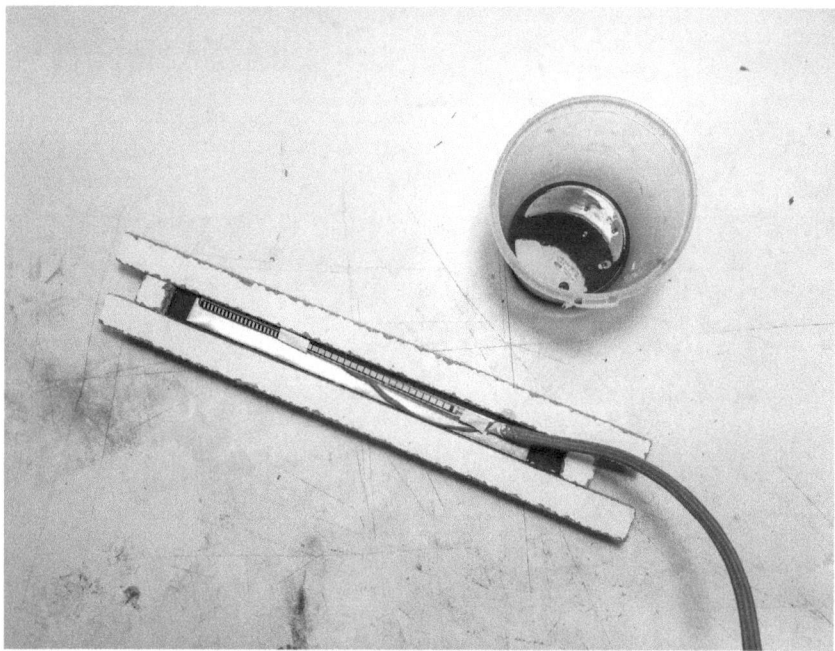

Abb. 30 Die Sensoren in der Gußform, kurz bevor sie in Silikon gegossen werden.

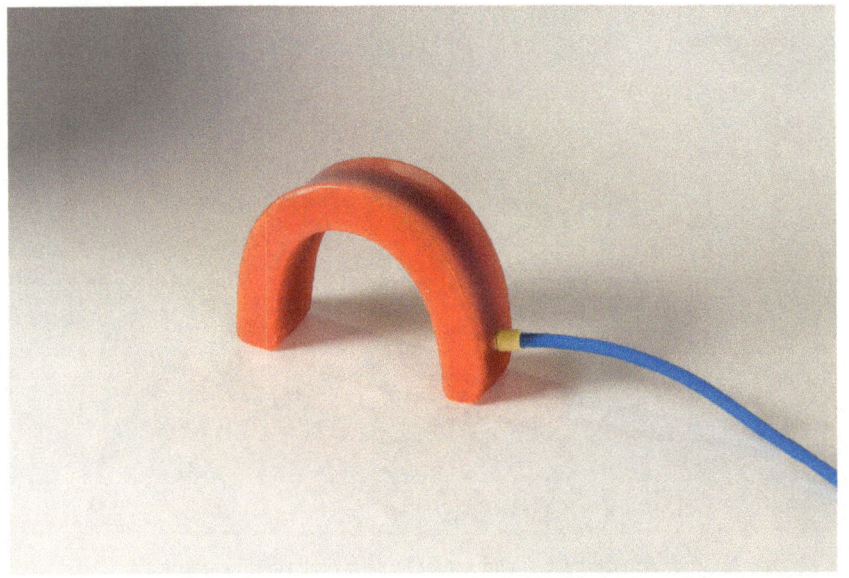

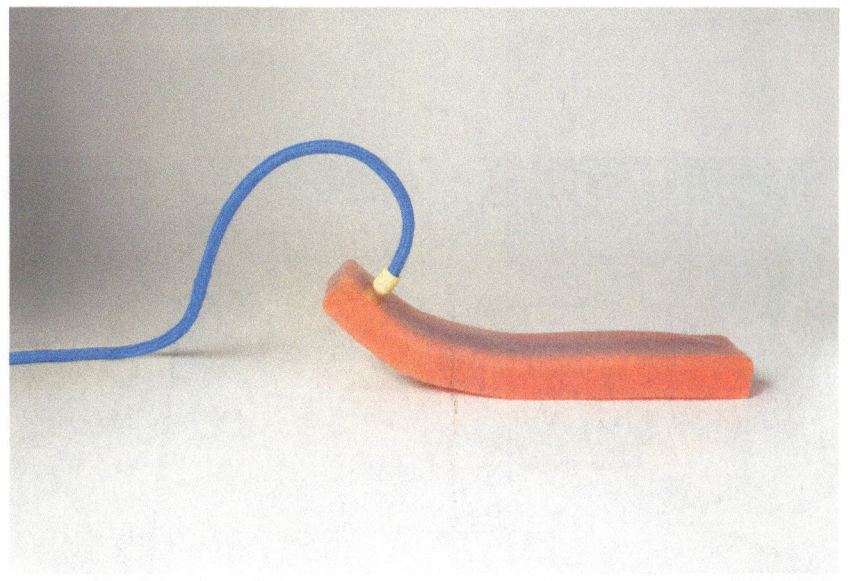

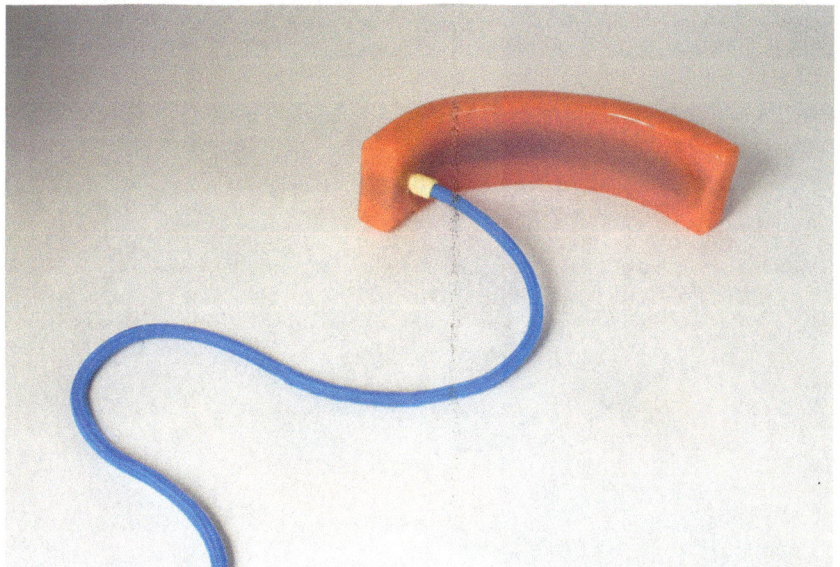

Abb. 31–33 Fotografien des finalen Interfaces in verschiedenen Zuständen.

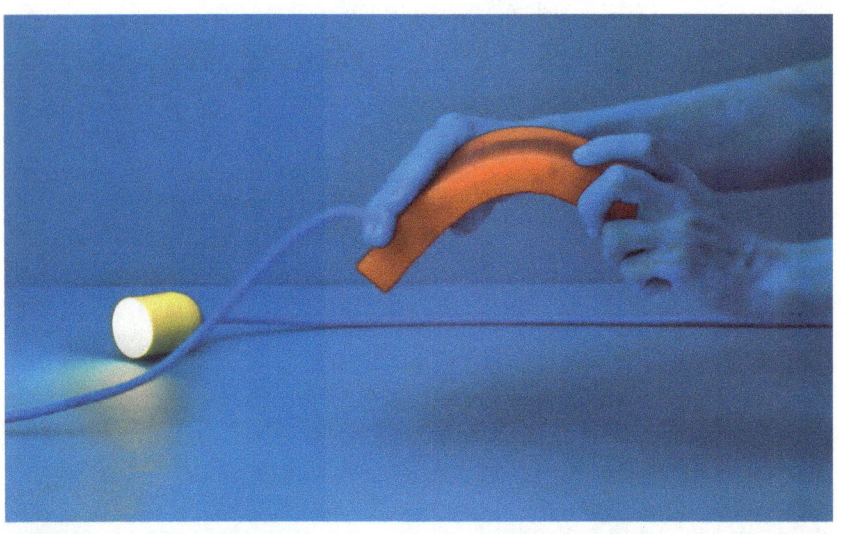

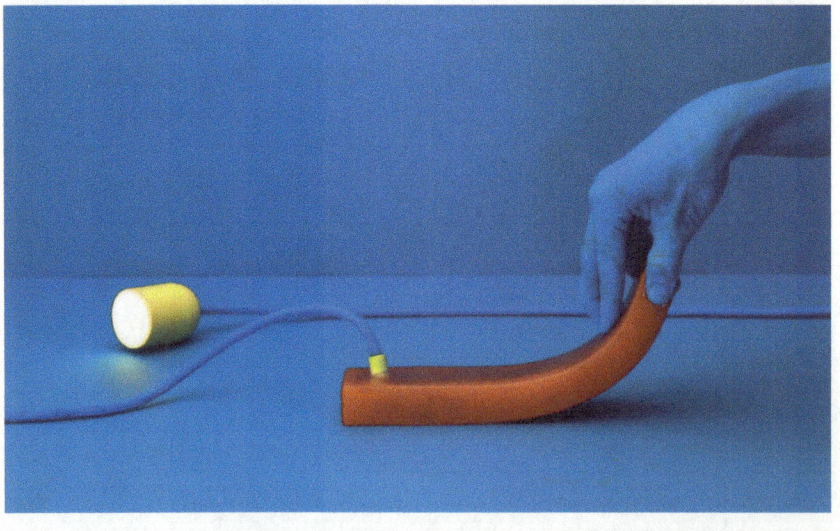

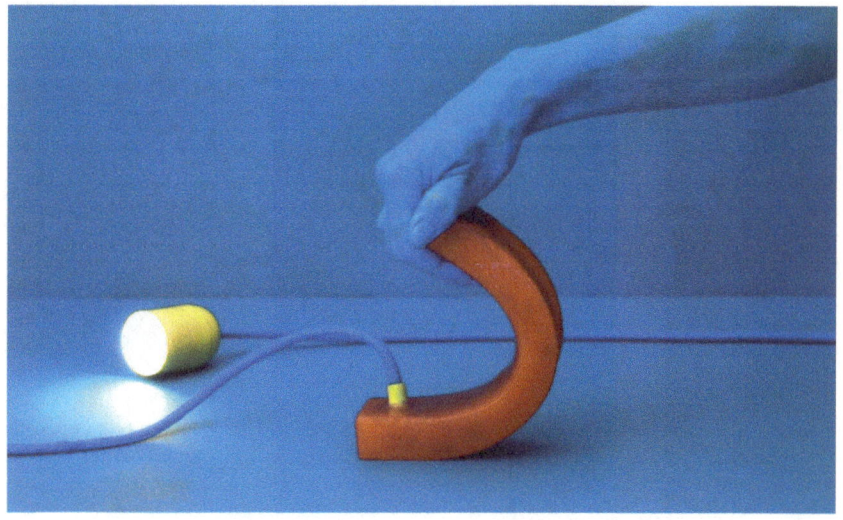

Abb. 34–36 Fotografien der Interaktionen mit dem Interface zur Regulierung von Licht.

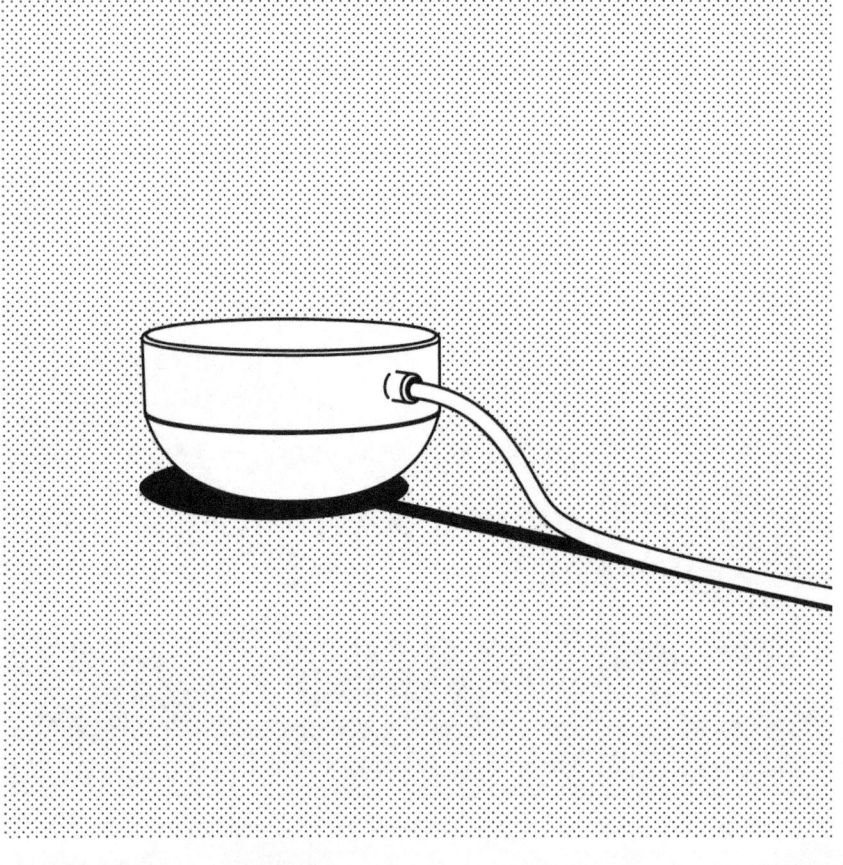

Balancieren – Funktionsweise

Die Interaktion mit der Schnittstelle geschieht über die haptische Wahrnehmung und Manipulation eines sich verlagernden Gewichtes. Zum Auslesen einer Gewichtsverlagerung wird in diesem Interface auf den Gebrauch von Sensoren verzichtet. Stattdessen dient die Funktionsweise eines klassischen *Tilt*-Sensors als Vorbild für den gesamten Schaltkreis, des Objekts. Ein *Tilt*-Sensor gilt als Alternative zu einem klassischen Knopfdruck. Beide vermitteln durch ihr mechanisches Wirken einen binären Wert an den Mikro-controller, indem sie den Stromkreis öffnen oder schließen. Anders als beim Knopf geschieht das Schließen des Stromkreises jedoch mithilfe einer kleinen Metallkugel, die sich in einem Zylinder auf und ab bewegen kann, wenn dieser gedreht wird. Auf dem Zylinderboden ruhend schließt die Kugel die Kontakte; wurde der Sensor gedreht, steht der Stromkreis offen.

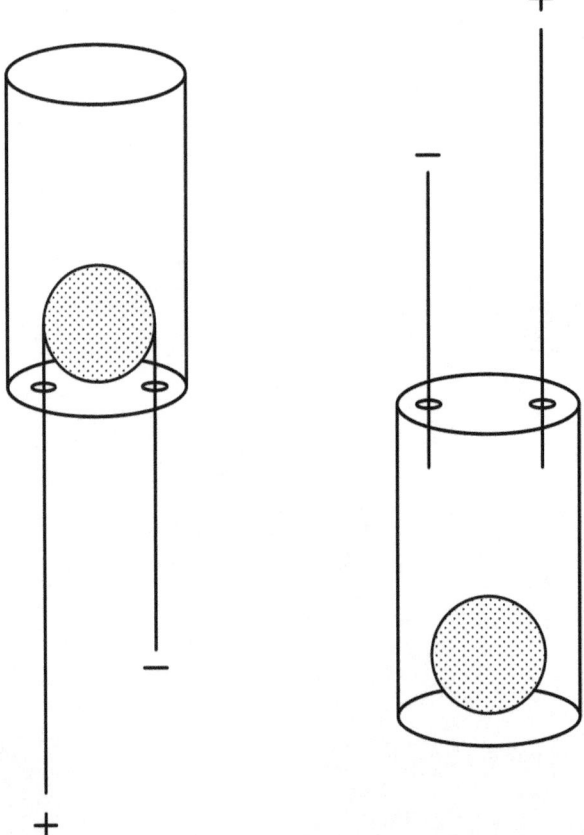

Abb. 38 Schematische Darstellung der Funktionsweise eines *Tilt*-Sensors.

Balancieren – Formexploration

Die im Workshop erprobten Parameter umfassten die Sensation des sich verlagernden Gewichtes im Unterschied von schweren und leichten beweglichen Körpern sowie deren Beschaffenheit zwischen der massiven Form der Kugel oder fluiden Materialien wie Flüssigkeit oder Pulver. Dabei erzielte die rollende Metallkugel die eindeutigsten Sensationen. Zudem wurden zahlreiche Formenvarianten vorgeschlagen, die aufgrund ihrer Ergonomie sowie nach ihren kommunikativen Fähigkeiten, Interaktionen anzudeuten, beurteilt wurden. Die Erkenntnisse aus dem Workshop führten schließlich zu einer Formgebung, die es ermöglicht, eine Manipulation des Objektes vorzunehmen, sowohl wenn es auf einem Tisch aufliegt als auch in den Händen gehalten wird. Der kugelförmige Boden sowie der radiale Grundriss geben keine visuellen Hinweise auf eine mögliche Bewegungsrichtung der Kugel, die somit durch den Nutzer erspürt werden muss. Im Test mit den Teilnehmern zeigte sich jedoch auch, dass richtungseinschränkende Wände im Inneren des Objektes die Interaktion erleichtern würden. Somit schränkt ein dreidimensionaler Körper im Objektinneren die Bewegung der Kugel ein, indem er verschiedene Richtungen vorgibt.

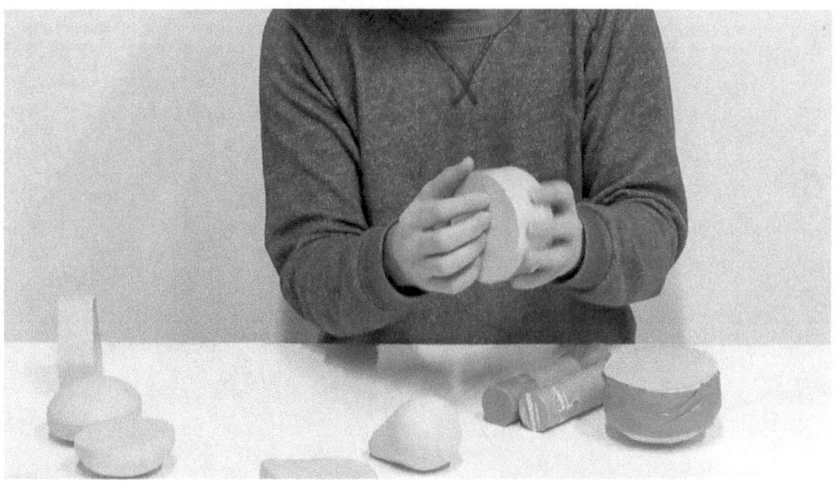

Abb. 39 Die ersten Objekte zur Formexploration der Interaktion "Balancieren".

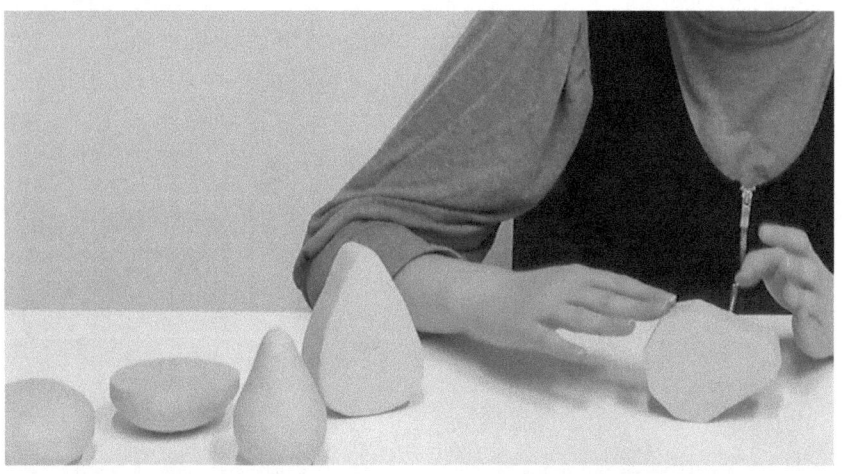

Abb. 40–41 Aufnahmen aus dem explorativen Workshop

Balancieren – Konstruktionsdetails

Wie im Vorbild des *Tilt*-Sensors wird auch die erspürte Bewegung im Inneren des Objektes durch eine metallische Kugel verursacht, die bei Außeneinwirkung im Objektinneren umherrollt. Durch die Leitfähigkeit des Metalls schließt die Kugel je nach Position im Inneren verschiedene Stromkreise, indem sie die im Objekt verteilten Metallplatten miteinander verbindet. Diese sind wiederum an verschiedene digitale Pins des Arduino-Boards gekoppelt, das im Bauch des Objektes eingefasst ist und die ausgelösten Signale mit verschiedenen Lichtintensitäten assoziiert. Somit bestimmt die Position der Kugel über den ausgelösten Impuls, der wiederum mit einer entsprechenden Lichtintensität gekoppelt ist. Da die Kugel jedoch von außen nicht sichtbar ist, muss ihre Position über das Erspüren ihrer Bewegung und ihres Gewichtes im Inneren bestimmt und manipuliert werden.

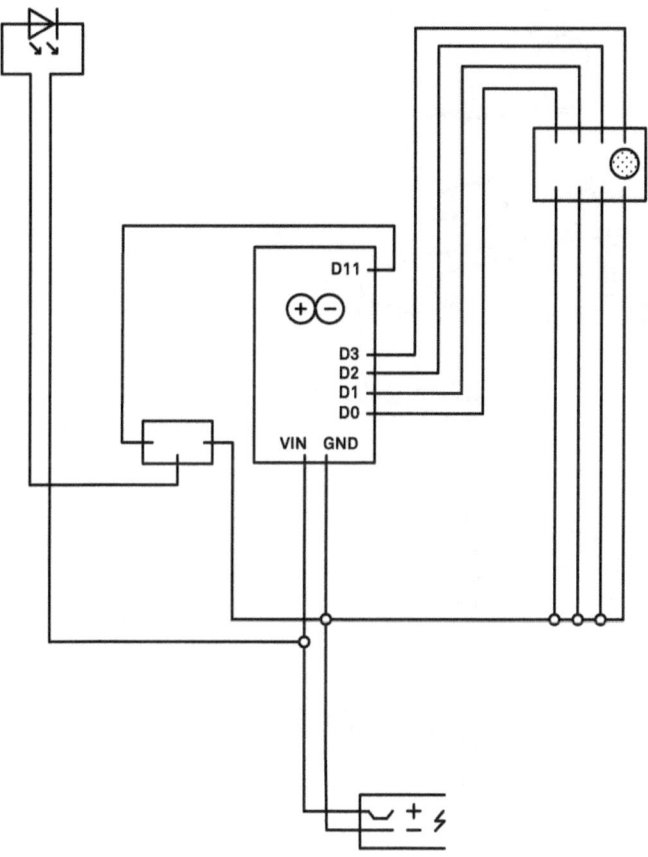

Abb. 42 Der Schaltkreis mit offenen Kontakten, die durch die Metallkugel geschlossen werden müssen.

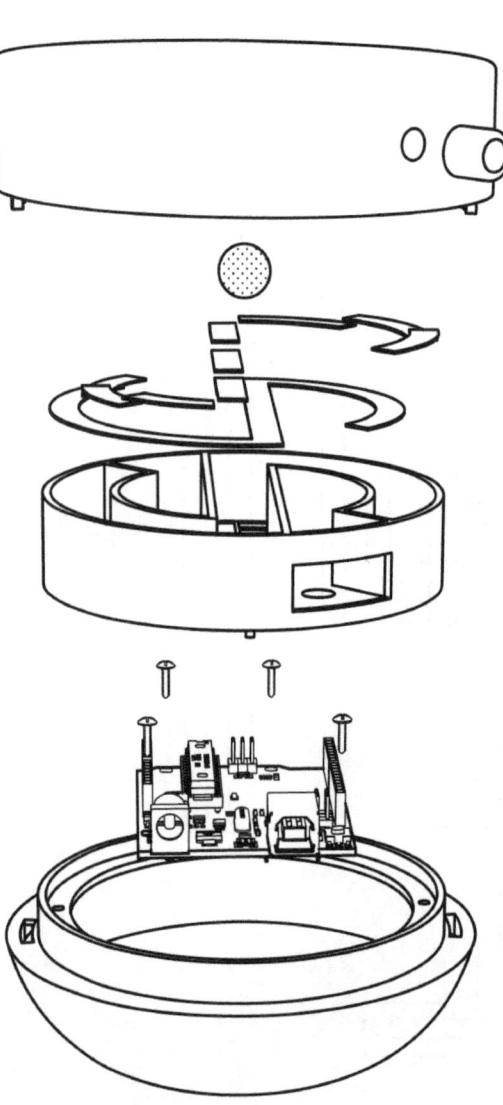

Abb. 43 Explosionsansicht des Interfaces

Balancieren – Modellbau

Die vier Einzelteile des Produktes wurden durch Stereolithografie aus PLA gedruckt. Nachdem durch den Workshop die Formen des Gehäuses bestimmt und anschließend die vorgeschriebenen Wege des Körpers im Inneren festgelegt wurden, bestand die Herausforderung in der Anordnung und Anbringung der verschiedenen Metallplatten. Dazu wurden verschiedene Tests zum Aufbau des entsprechenden Objektteils gemacht sowie unterschiedliche Metalle in variierenden Materialstärken herangezogen.

Abb. 44 Erste Tests des 3D-gedruckten Gehäuses.

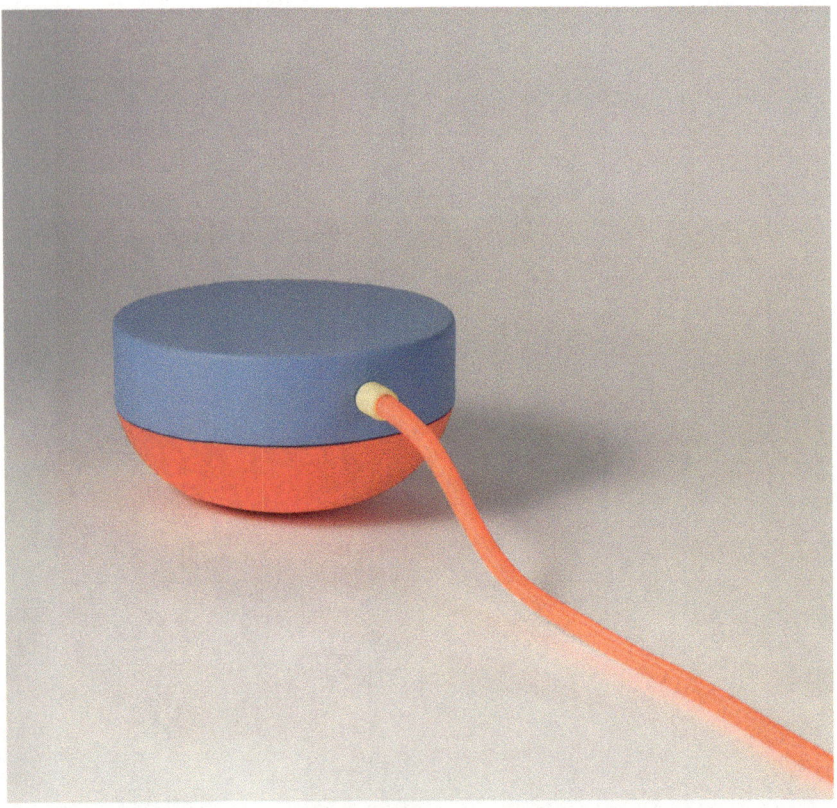

Abb. 45–48 Fotografien des finalen Interfaces sowie seiner
Interaktionen zur Regulierung von einem Licht.

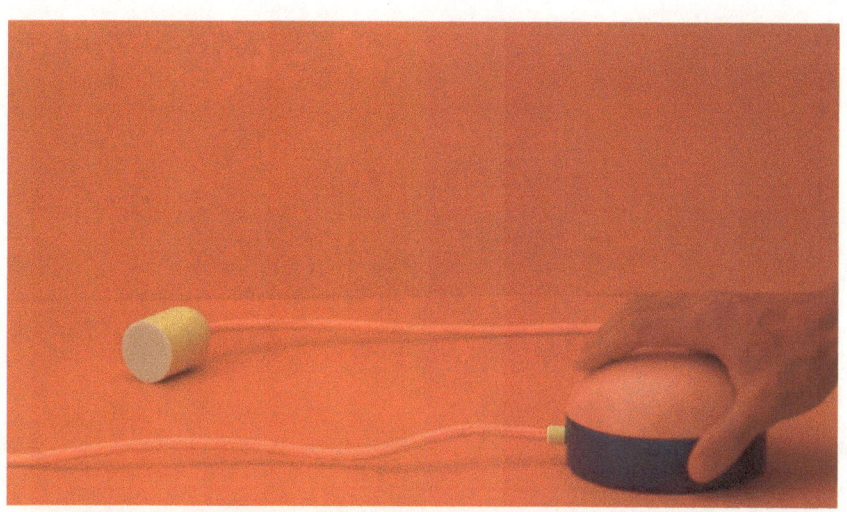

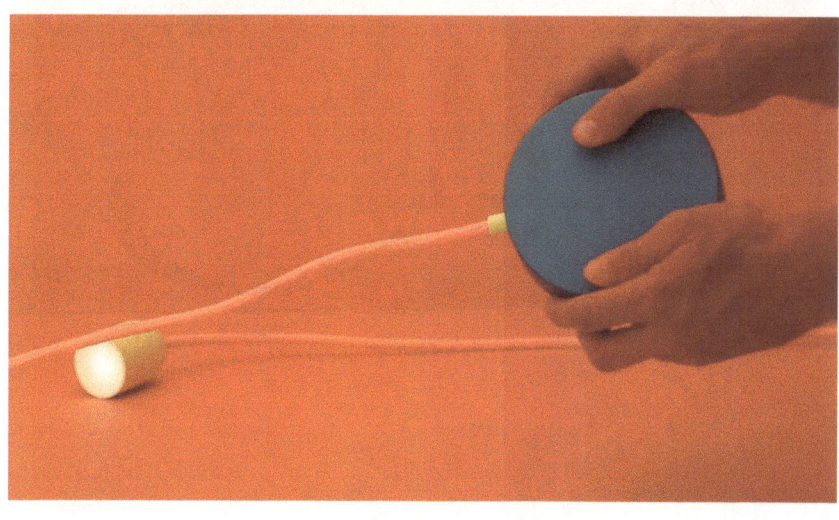

Streichen – Funktionsweise

Als Geste der Kategorie der *Natural User Interfaces* (siehe Kapitel 1.2) ist das Streichen bzw. *Swipen* über einen Touchscreen bereits Teil vieler alltäglicher Interaktionen geworden. Doch ist ihr Zweidimensionalität immanent, die über den starren Bildschirm nur ein Minimum an haptischen und taktilen Eindrücken vermitteln kann. Diese Geste der digitalen Interaktion wird in diesem dritten Objekt auf eine materielle Schnittstelle angewandt.

Die Funktionsweise dieses Objektes beruht auf dem Grundgedanken des Knopfdruckes, der durch sein Auslösen Stromkreise mechanisch schließt. In diesem Fall wird der Stromfluss jedoch durch die leitfähigen Oberflächenteile hergestellt, die durch das Streichen über das Objekt und das resultierende Verbiegen der Einzelteile den Kontakt schließen.

Radial angeordnet und in Gruppen unterteilt können so Regionen bestimmt sowie Position und Geschwindigkeit der Bewegung nachverfolgt werden. Die Kontakte jeder Gruppe sind in diesem Fall an die Digital-Input-Pins des Mikrocontrollers angeschlossen, der die binären Werte 0 und 1 je nach Zustand des Stromkreises liest und interpretiert. Durch die erkannte Bewegungsrichtung sowie die Intensität der Berührung lässt sich das Signal manipulieren und durch den Programmcode auf dem Arduino entsprechend in Licht übersetzen.

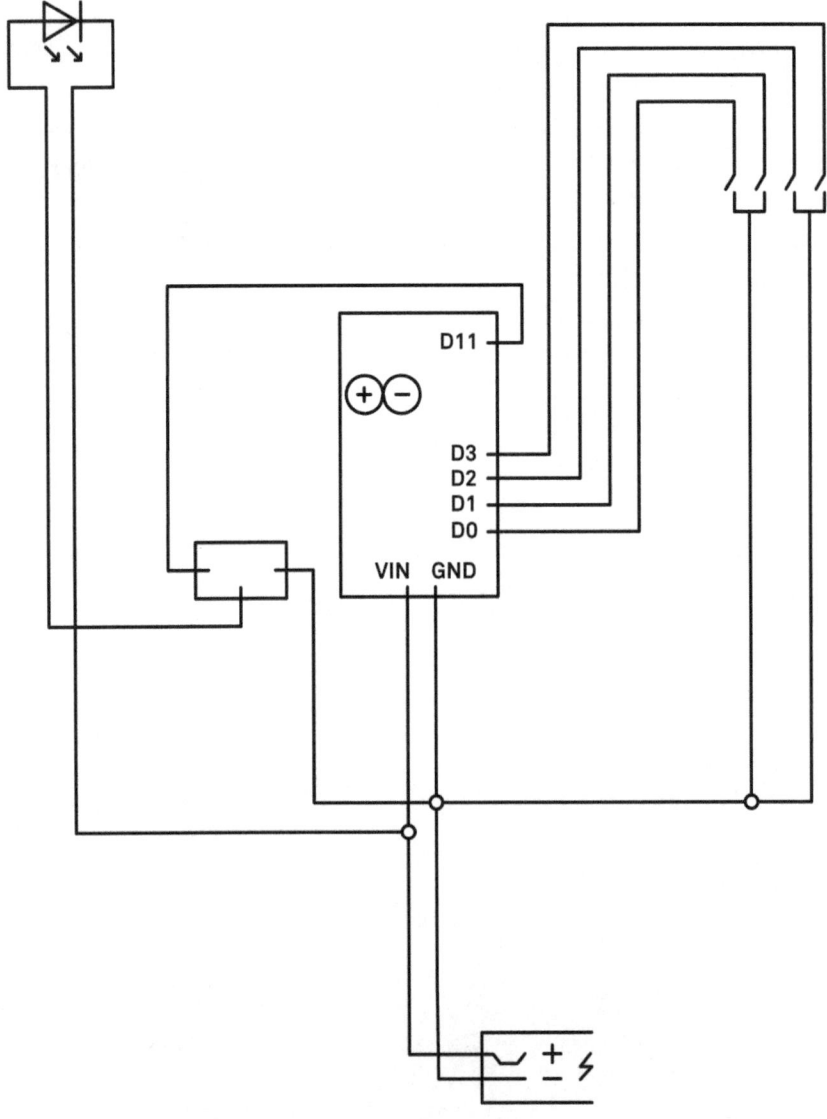

Abb. 50 Der Schaltkreis mit offenen Kontakten

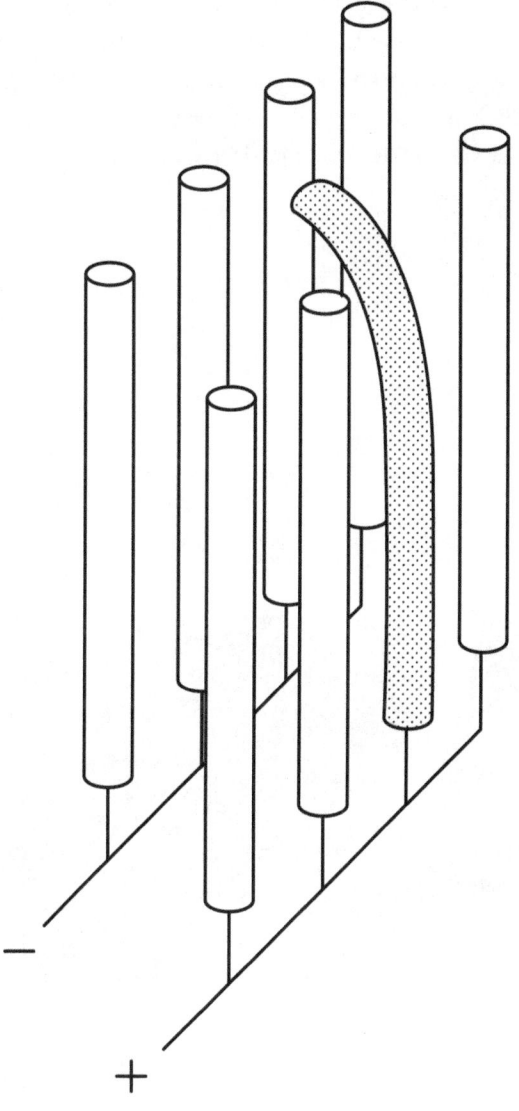

Abb. 51 Darstellung der Funktionsweise: das Schließen von
Kontakten durch die Berührung leitfähiger Materialien

Streichen – Formexploration

Im Workshop wurde hinsichtlich der Geste des Streichens insbesondere die Oberflächenbeschaffenheit der zu manipulierenden Schnittstelle untersucht. Die Funktionsweise der beweglichen, offenen Kontakte gaben eine fell- oder bürstenartige Struktur vor, wobei mit verschiedenen Härtegraden und Formen experimentiert werden konnte.

Die Tests im Workshop zeigten einerseits die Tendenz der Teilnehmer, sich durch die Form des Objektes klar in der Streichrichtung beeinflussen zu lassen. Andererseits wurde ganz nach dem Konzept der *Semantics of Caress*, die im vorherigen Kapitel beschrieben ist, in der Intensität der Bewegungen beispielsweise zwischen seichtem »Streichen« und energischem »Wuscheln« differenziert. Für die Schnittstelle wurde schließlich eine Form gewählt, die durch ihren radialen Grundriss keinerlei Richtung für die Bewegung des Nutzers vorgibt und durch die Länge und den geringen Härtegrad der Borsten verschiedene Intensitäten zulässt.

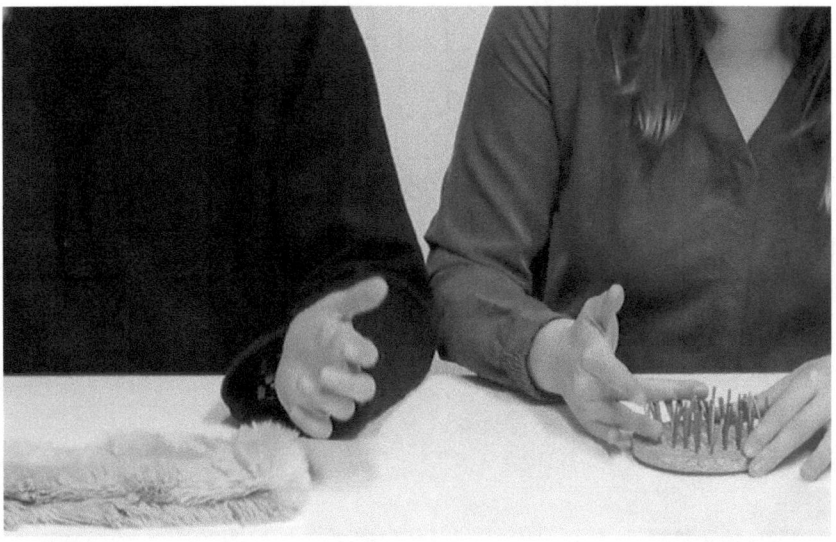

Abb. 52–54 Aufnahmen aus dem explorativen Workshop

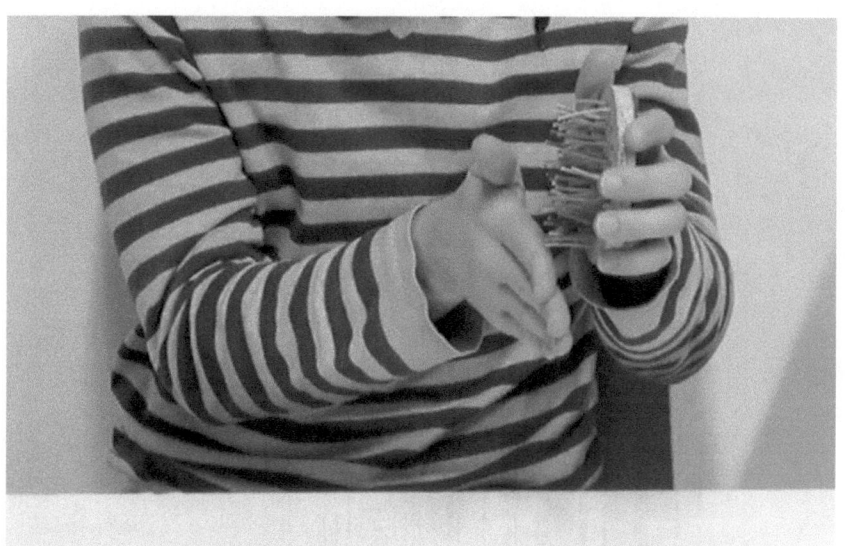

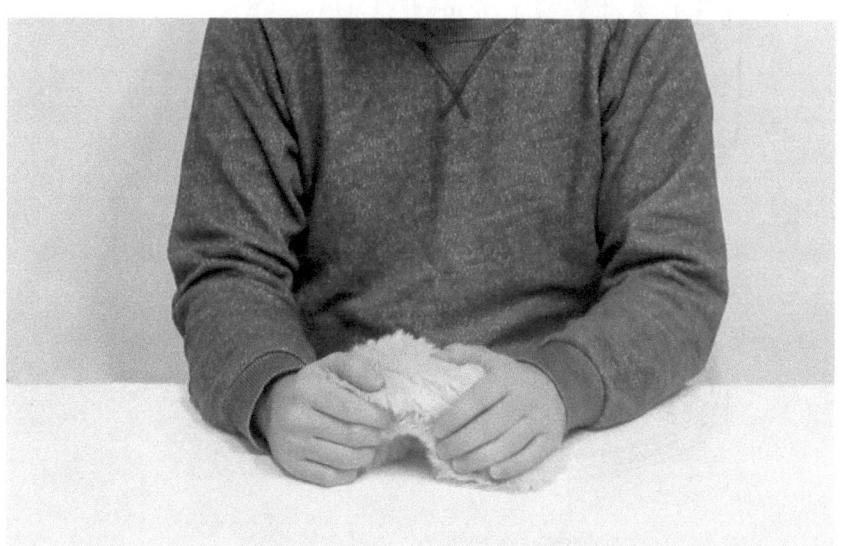

Streichen – Konstruktionsdetails

Die leitfähigen Borsten können in einen doppelbödigen Körper aus PLA eingesetzt werden, der ihnen nach unten hin festen Halt verleiht, während sie nach oben ausreichend Bewegungsfreiheit haben. In acht in Halbkreisen angeordneten Reihen werden die einzelnen Teile durch Kabel verbunden, die somit zu großflächigen Sensoren für Berührungen werden. Diese Reihen sind jeweils mit den digitalen Input-Pins bzw. der Erdung des Mikrocontrollers verlötet, der im Boden des Objektes eingesetzt ist. So kann durch die vermittelnden Signale die Bewegung in Regionen auf dem Objekt geortet werden. Bewegungsrichtungen sowie Streichintensität werden durch das einfache Öffnen und Schließen der Stromkreise ermittelt.

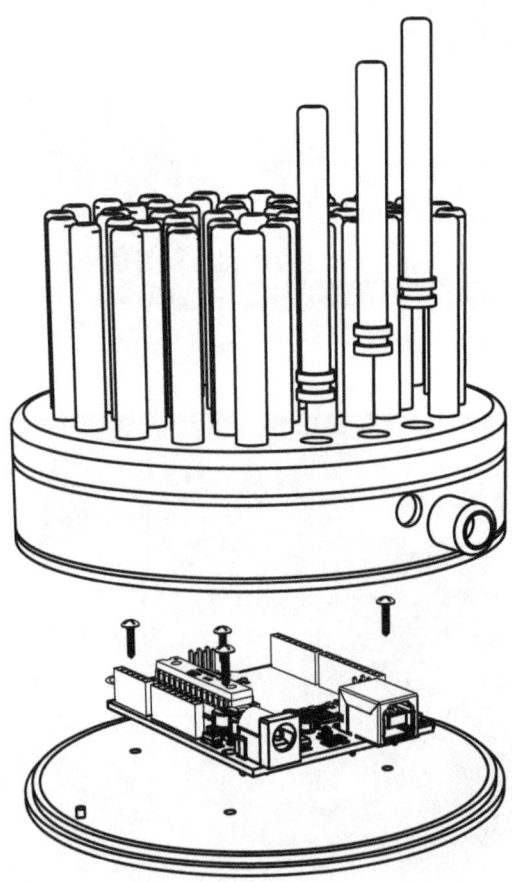

Abb. 55 Explosionsansicht des Interfaces

Streichen – Modellbau

Für die Gestaltung einer entsprechenden flexiblen Oberfläche,
die gleichzeitig die geforderte Leitfähigkeit besitzt, wurde nach zahlreichen
Materialversuchen ein leitfähiges Silikon entwickelt (die zielführenden
Versuche sowie die Herstellung des Materials werden im Anhang dokumen-
tiert). Seine Eigenschaften der Flexibilität, der resultierenden Leitfähigkeit, der
Einfärbbarkeit und Gussfähigkeit erlaubten eine Produktion zahlreicher
Borsten, die zusammengefügt eine kapazitive Oberfläche bildeten.
Wenngleich die Leitfähigkeit des neuen Materials überzeugte, ergaben sich
durch die Veränderungen der Liquidität erhebliche Schwierigkeiten im
Guss der feinen Objekte.

Nachdem das 3-D-gedruckte Positiv aus einem Zweikomponenten-
Modellsilikon mehrfach abgeformt wurde, konnte das leitfähige Silikon in eine
Reihe von Gussformen eingeführt werden. Eingefasst in den ebenfalls durch
3-D-Druck produzierten Körper aus PLA wurden die einzelnen Borsten anschließend verkabelt und mit dem Mikrocontroller verbunden.

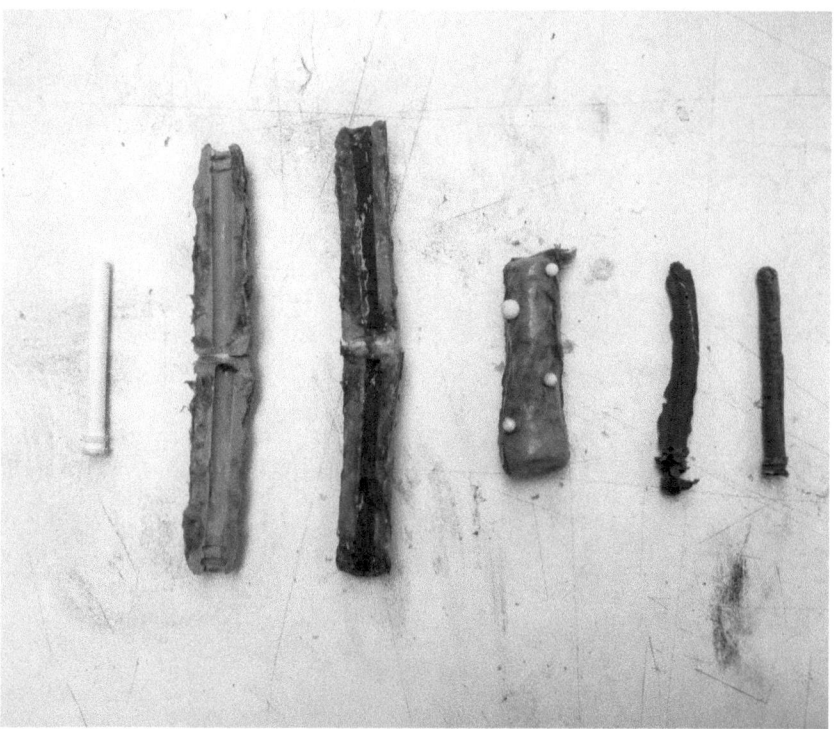

Abb. 56 Der Gussprozess der konduktiven Borsten aus Silikon.

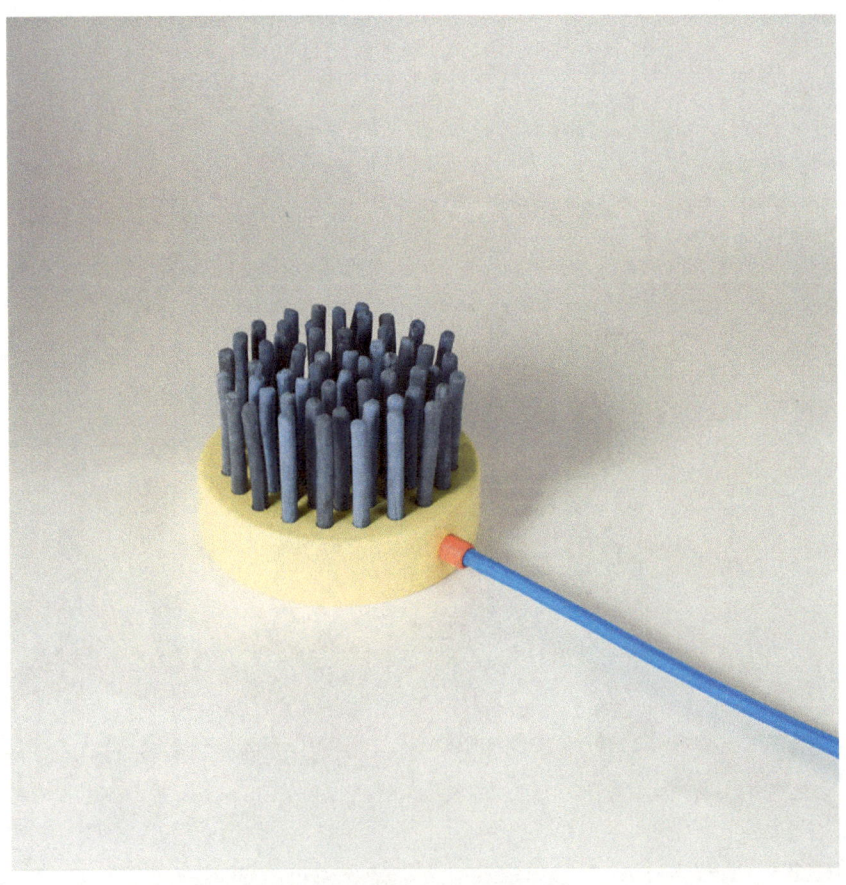

Abb. 57–60 Fotografien des finalen Interfaces sowie der
Interaktionen des »Streichens« zur Regulierung von Licht.

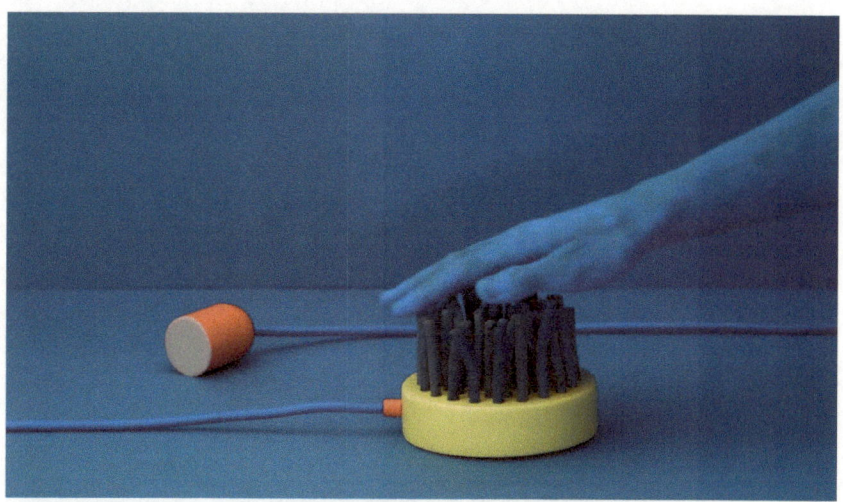

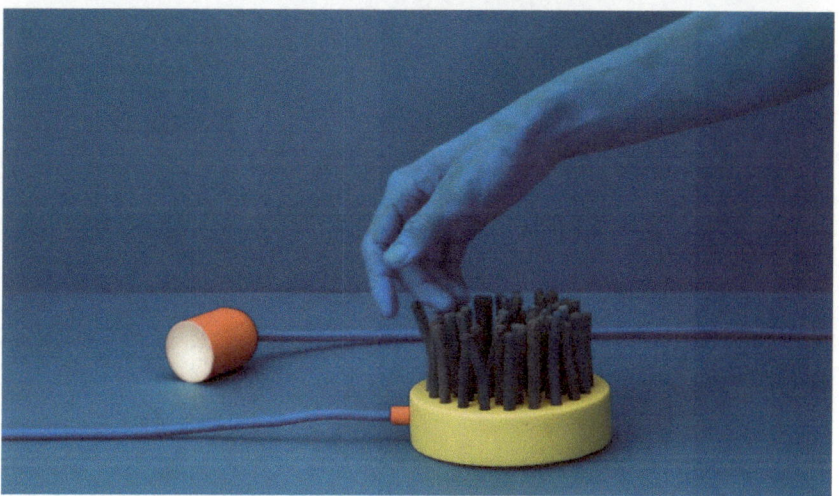

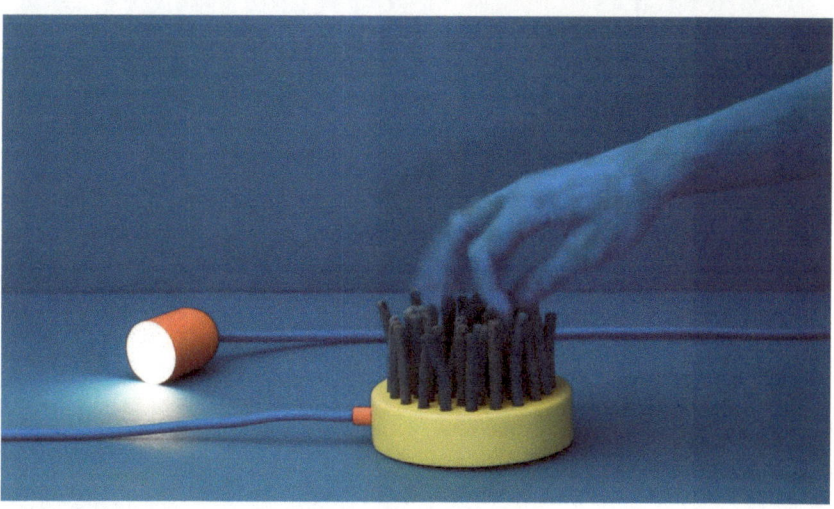

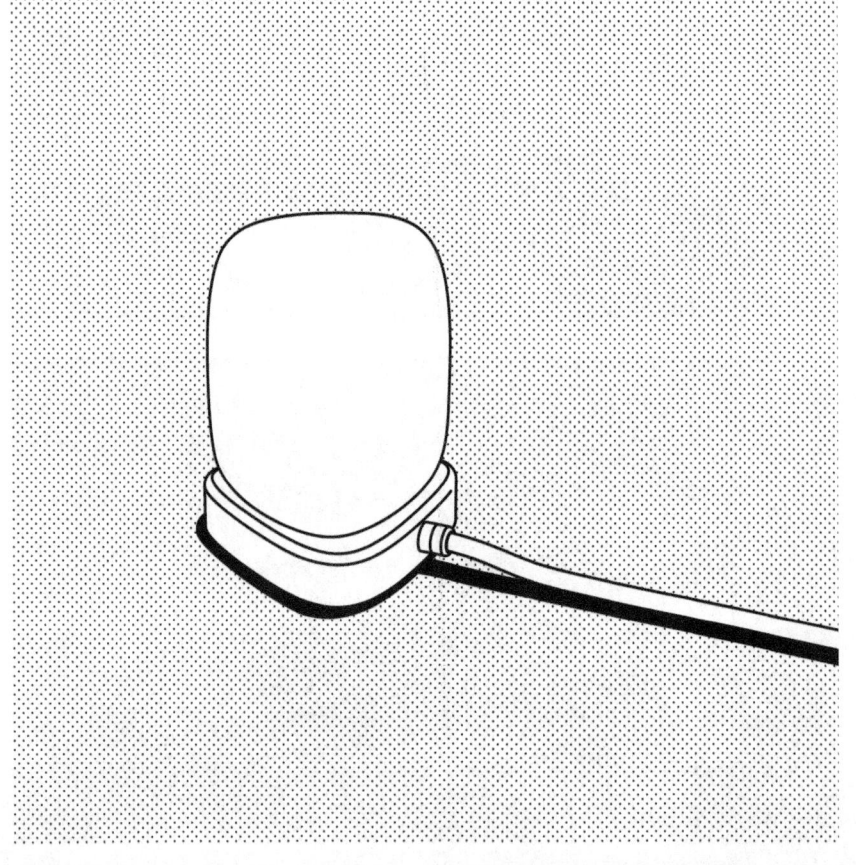

Ertasten – Funktionsweise

Das Ertasten von Oberflächen geschieht in einem Zusammenspiel von taktilen und haptischen Sinneseindrücken. Für die Interaktion in diesem vierten Artefakt wurde sich ebenjener haptischen Erfahrung von Oberflächenstrukturen zugewandt. Ohne für den Nutzer sichtbar zu sein, müssen diese durch ein dünneres Material ertastet werden, um das Licht zu regulieren. Hierbei wurde auf die kapazitive Fähigkeit des Mikrocontrollers zurückgegriffen, der mithilfe der *ADCTouch Library* durch seine analogen Input-Pins sich verändernde Widerstände messen kann. Dafür reichen die menschliche Berührung und der eigene Widerstand des zum größten Teil aus Wasser bestehenden Körpers aus.

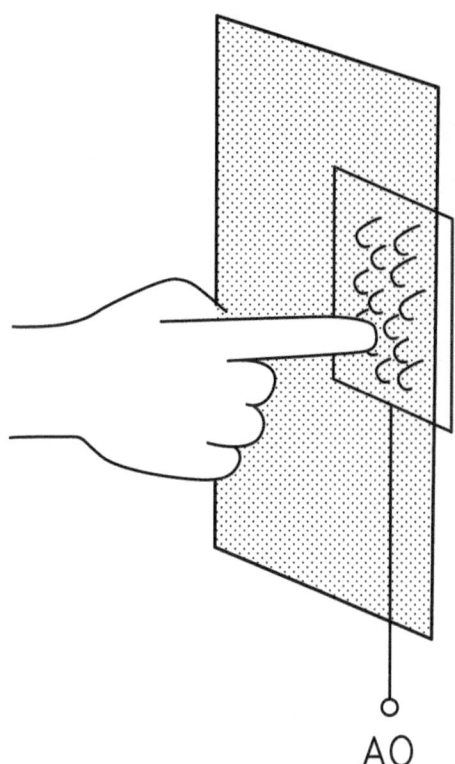

AO

Abb. 62 Schematische Darstellung der Funktionsweise: ein leitfähiges Material wird zum kapazitiven Sensor für menschliche Berührung.

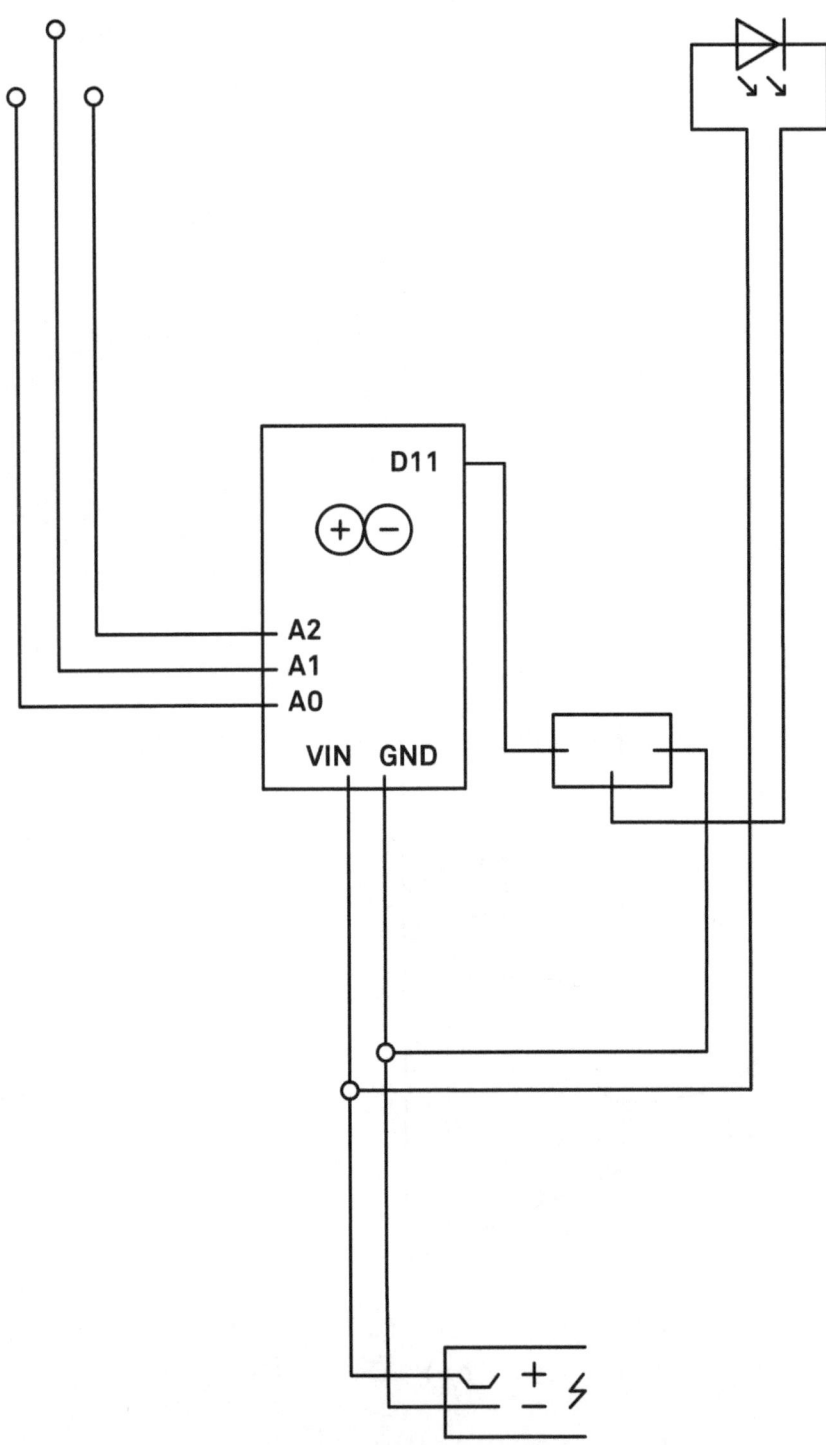

Abb. 63 Der Schaltkreis mit drei kapazitiven Sensoren

Ertasten – Formexploration

Den Teilnehmenden wurden mehrere aus zwei Bestandteilen zusammengesetzte Artefakte vorgelegt. Sie bestanden aus einer äußeren Struktur aus Stoff, Draht oder Silikon in verschiedenen Stärken, die wiederum in verschiedenen Dimensionen und Formen ein Objekt in ihrem Inneren versteckten, das es zu ertasten galt. Auch diese kleineren Teile waren verschieden beschaffen: weich oder rigide, gut formbar oder gänzlich widerstandslos. Ziel der Exploration war es, die verschiedenen Materialattribute dahingehend zu testen, erfolgreiche Interaktionen zu kommunizieren. Letztendlich wurde eine Form gewählt, die den Grundriss eines abgerundeten Dreiecks aufweist. Ausschlaggebend waren dabei ihre ergonomische Abstimmung zur menschlichen Hand, ihre drei verschiedene Interaktionen ermöglichenden Flächen sowie die Prominenz ihrer Ecken.

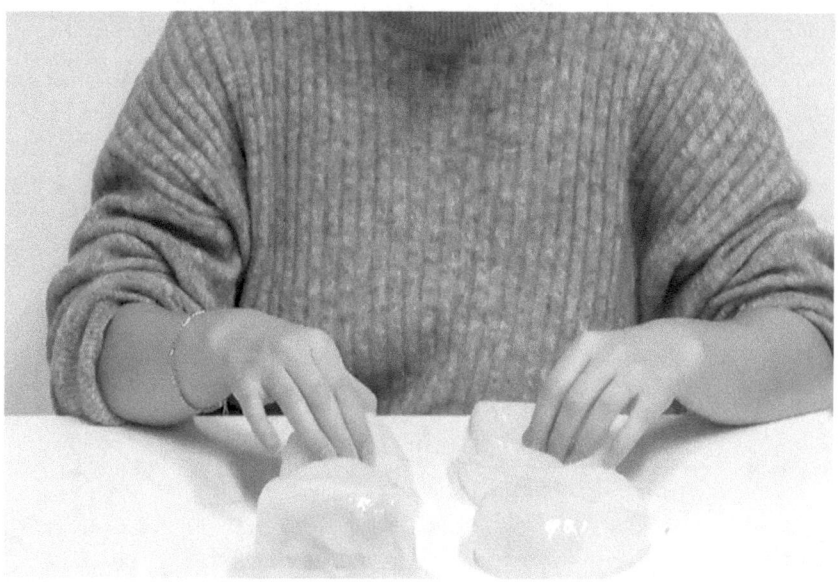

Abb. 64 Aufnahme einer Teilnehmerin beim »blinden«
Ertasten von Strukturen unter einer opaken Oberfläche.

Ertasten – Konstruktionsdetails

Die äußere Schicht aus Silikon verkleidet den in ihr befindlichen mehrflächigen Körper. Dieser ist eingefasst in eine Basis aus Kunststoff, an der auch die obere Materialschicht angebracht ist. Der Körper im Inneren ist wiederum zusammengesetzt aus isolierendem und leitfähigem Silikon, wobei das leitende Material die Oberflächenstrukturen konstituiert. Die drei entsprechend leitfähigen Flächen sind durch Kabel mit dem externen Mikro-controller verbunden, wobei die Kabel bereits im Gussprozess integraler Teil des Silikonkörpers wurden.

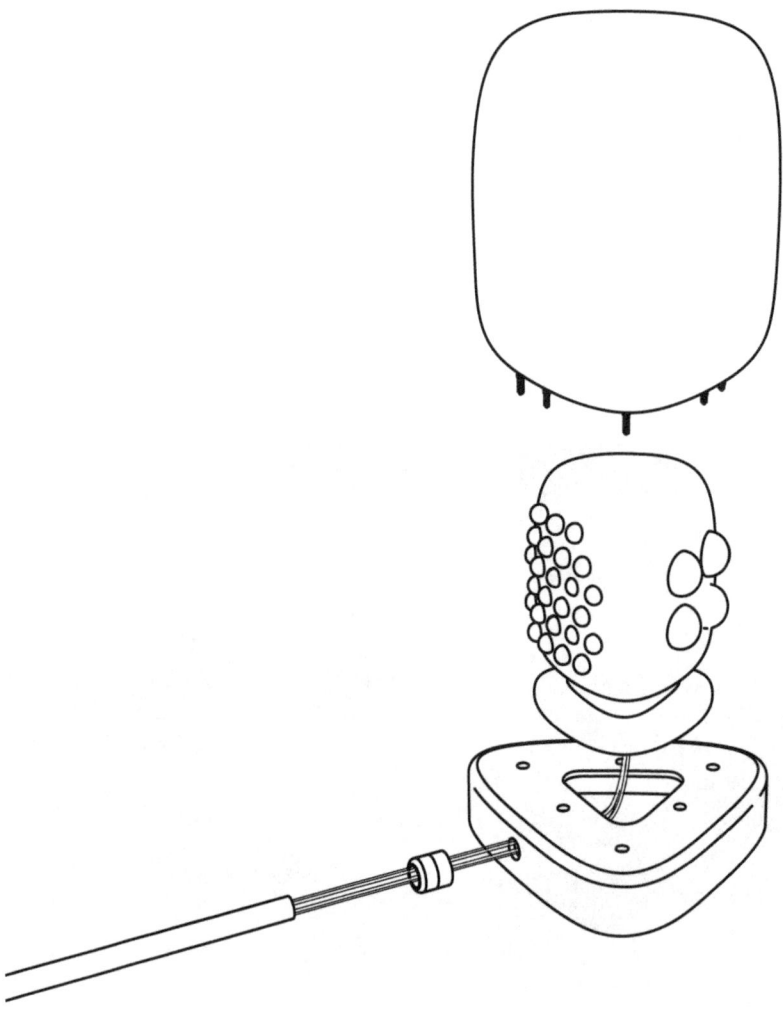

Abb. 65 Explosionsansicht des Interfaces

Ertasten – Modellbau

Auch für die Funktion dieses Artefaktes war die Herstellung eines leitfähigen Silikons von großem Interesse. Nach erfolgreichen, im Anhang der Publikation aufgezeigten Materialexperimenten konnte das leitfähige Silikon in Form gegossen werden. Der Versuch, den äußeren Mantel zu formen, scheiterte jedoch an der unebenen Beschaffenheit des Komposits. So wurde zunächst das im Inneren verborgene Objekt in vier Schritten gegossen. Dazu wurde ein Abdruck des Positivs aus Kunststoff in Zweikomponenten-Modellsilikon genommen und die resultierende Form anschließend entlang ihrer drei Kanten geteilt. Die Einbuchtungen konnten so jeweils mit leit-fähigem Silikon gefüllt werden, das zusammen mit je einem eingelassenen Kabel reagieren konnte. Nach der Trocknung wurde die Gussform wieder zu ihrer Ausgangsgestalt zusammengesetzt, um auch den inneren Körper massiv mit Silikon, diesmal jedoch mit isolierendem, zu füllen. So entstand ein Objekt mit drei voneinander unabhängigen kapazitiven Oberflächen, die entsprechend charakteristische, dreidimensionale Strukturen aufwiesen. Diese innere Form konnte anschließend in die gedruckte Kunststoffbasis eingelassen werden, auf der im Anschluss schließlich der äußere Mantel angebracht wurde.

Abb. 66 Die drei kapazitiven Strukturen, noch als Einzelteile, kurz vor ihrem Guss zum Objekt.

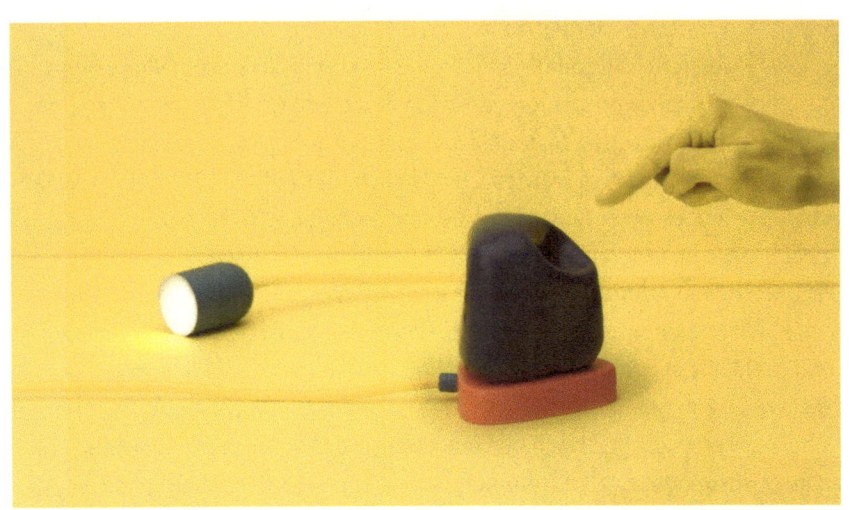

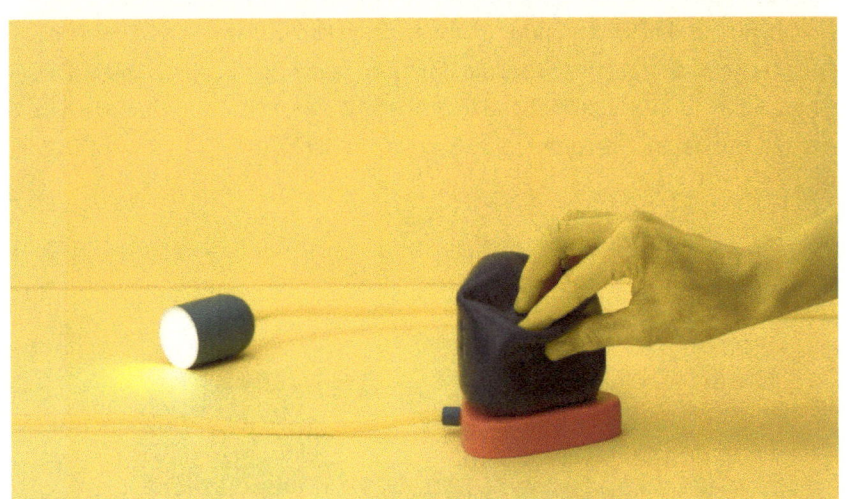

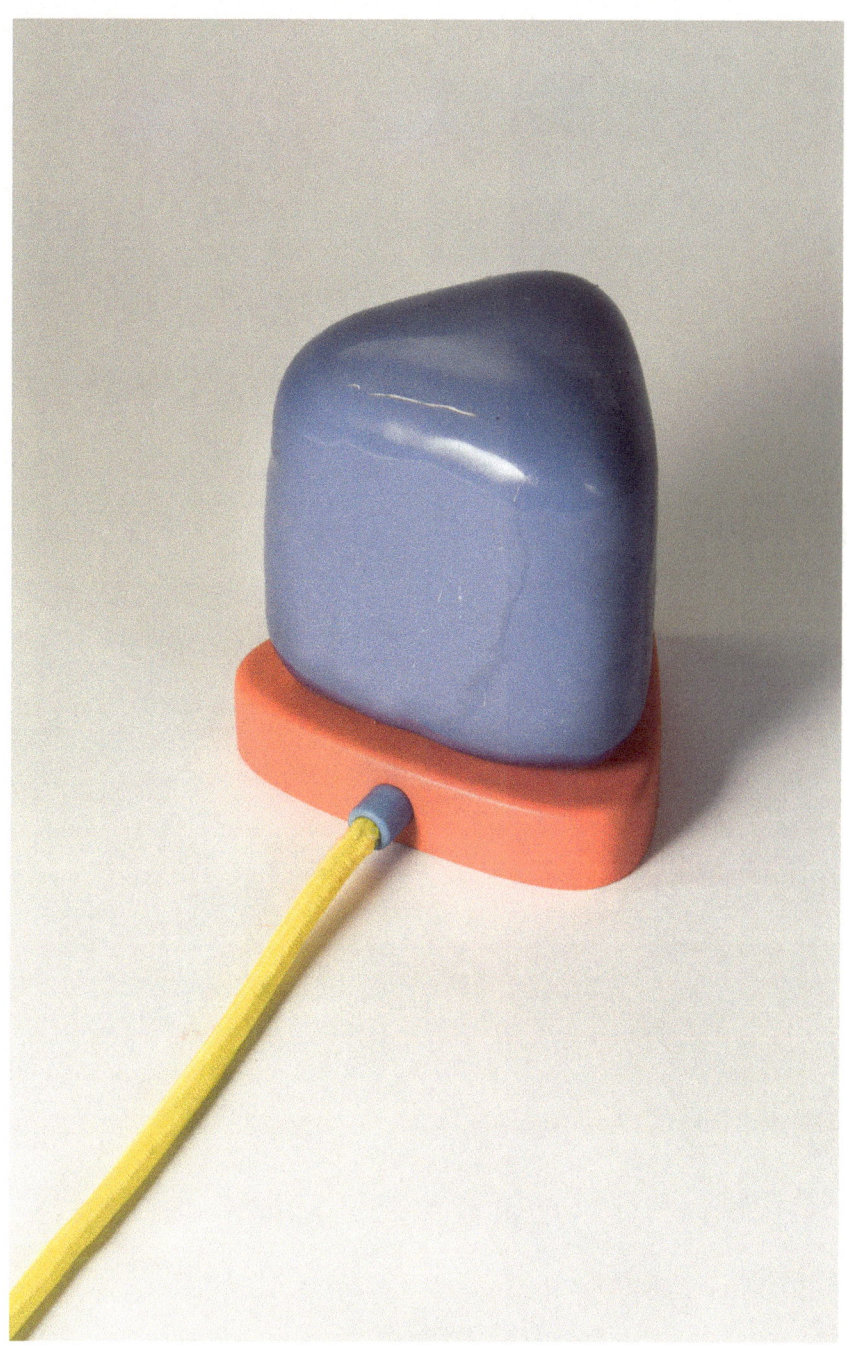

Abb. 67–70 Fotografien des finalen Interfaces sowie der
Interaktionen zur Regulierung von Licht.

Schluss

Reflexion

»We don't know what to do with our physical bodies, which need massages as much as messages.''[239] Mit diesem Zitat des renommierten Designers Kenya Hara wurde schon in der Einleitung zu dieser Publikation auf ein augenscheinliches Problem in unserer heutigen Informationsgesellschaft hingewiesen, in der unserem Körper eine Unterforderung zu widerfahren scheint. Über die Betrachtung der verschiedenen Entwicklungen in der Beziehung von Mensch und Technik sowie der Gestaltung der Interaktionen, die ebenjene Beziehung lenken, bis hin zur Darlegung der Bedeutung des körperlichen Erlebens wurde in diesem Buch der Grundstein dafür gelegt, die Forderung nach Begreifbarkeit von Technologien zu verstehen. Dabei muss allerdings die naive Annahme fallen gelassen werden, dass durch das »Begreifen«, also körperliche Wahrnehmung, ein tieferes Verständnis von Technik erlangt werden kann. Stattdessen konnte aber das Potenzial aufgezeigt werden, durch begreifbare Interaktionen und der sinnlichen Ebene, auf der sie agieren, eine neue Form der Beziehung zwischen Mensch und Technik entstehen zu lassen, die durch bisher wenig beachtete Qualitäten verändert und bereichert wird.

In der Betrachtung der komplexen Beziehung zwischen Mensch und Technik im Rahmen des ersten Teils stach insbesondere eine ausschlaggebende Qualität der Technologien in unserem Alltag heraus: das Ermöglichen von stetig wachsendem Komfort anhand reibungsloser Abläufe. In der langen Entwicklungsgeschichte der Technik standen Gestalter, später Interaktionsdesigner und heute UI- und UX-Spezialisten angesichts sich stetig verändernder technischer Möglichkeiten immer wieder auch vor neuen Herausforderungen in der Vermittlung zwischen Mensch und Maschine. Auf Grundlage fundierter Gestaltungsansätze, die sich später zu Interaktionsparadigmen etablierten, sorgten und sorgen sie bis heute dafür, dass die Technik ebenjene Aufgabe in unserem Leben auch erfüllen kann. Die Perspektive der Technikphilosophie warf im Laufe dieses Buches jedoch ein anders Licht auf die glänzenden Oberflächen des *usability paradigm* und regte dazu an, unsere jetzige Beziehung zur Technik zu hinterfragen. Unter Heranziehung der Arbeiten von Albert Borgmann, Bruno Latour und Peter-Paul Verbeek wurde die bedeutende Rolle der uns umgebenden Produkte aufgezeigt, die unser Erleben und Handeln auf einer materiellen Weise maßgeblich prägen. Dieser Einfluss muss allerdings nicht zwingend zu jener Entfremdung führen, die Borgmann in seinem *device paradigm* als notwendige Folge eines von Technologien ausgehenden Musters von Konsum und Entfremdung postuliert. Insbesondere Verbeeks Konzept der *engaging devices* zeigt, dass von unserer

239   Hara: Designing Design, S. 144.

heutigen Technik nicht per se Entfremdung ausgeht, sondern höchstens von der Gestaltung der Interaktionen mit ihr. Denn während Borgmann den Heizkörper als Paradebeispiel für die Ablösung einer *focal practice* durch einen *device* anführte, illustrierte Verbeek anhand ebenjenes Gerätes das Potenzial einer einnehmenden Einbeziehung seines Nutzers in seine Funktionsweise. Die dargelegten Betrachtungsweisen der Technikphilosophie regen somit zu einem Umdenken über die Gestaltung von Interaktionen an, das auch von Interaktionsforschern wie Daniel Fallmann und Bill Gaver unterstützt wird: Es ist Zeit für die Suche nach neuen Interaktionsformen und Qualitäten, die nicht für *Homo faber*, sondern für *Homo ludens* entwickelt wurden.

Eine mögliche Richtung solchen Umdenkens ist die Aufwertung der bisher häufig übersehenen Bedeutung der Körperlichkeit für Mensch-Maschine-Interaktionen. Mit der materiellen Mediation sowie der materiellen Ästhetik konnten im Laufe der Publikation Anstöße für eine Designpraxis gegeben werden, die dem Potential haptischer Wahrnehmungen stärker gerecht wird. Nach der Fokussierung auf digitale Daten in der Informations-gesellschaft könnte nun wieder eine stärkere Konzentration auf das physische Artefakt folgen. In diesem Sinne wird im Forschungsfeld um begreifbare Interaktionen an neuen Formen der Schnittstellen gearbeitet, die an das menschliche Erleben und seine körperlichen Erfahrungen mit der materi-ellen Welt anknüpfen. Als realitätsbasierte Interaktionen könnten sich die TUIs zukünftig in die sich stetig mehr dem Menschen annähernde Evolution der Interfaces aus GUIs, NUIs und VUIs einreihen. Dreißig Jahre, nachdem Befürchtungen laut wurden, es könne zu einer Loslösung des Geistes vom Körper, zu einem Entschwinden in digitale Welten und damit auch zu einem Verschwinden der materiellen Dinge kommen, geht es im Forschungs-feld der begreifbaren Interaktionen nun um eine engere Verknüpfung des physischen und digitalen Raumes.

Im dokumentierten Entwurfsprozess der Serie von begreifbaren Schnittstellen wurde die von Kenya Hara ausgesprochene Herausforderung angenommen, ausgehend von den materiellen und insbesondere den sinnli-chen Qualitäten eines Materials zu gestalten. Wenn der dokumentierte Gestal-tungsprozess in seiner Unüblichkeit auch nicht linear erscheint, leitete er dennoch zielführend zum Entwurf von Artefakten begreifbarer und sinnlicher Interaktionen. Die vier Beispiele solch haptisch erlebbarer Schnitt-stellen eröffnen einen Blick auf die Potenziale und ebenso die Heraus-forderungen des Forschungsfeldes um *Tangible User Interfaces*. Nach dem Konzept der *Material Probes* nach Jung und Stoltermann wurden in dem Prozess eigene Materialproben mit verschiedenen Testpersonen untersucht, um die subjektiven Assoziationen aufzudecken, die durch die materiellen Eigenschaften des Objektes ausgelöst werden. Sie stellten den Ausgangspunkt für die Definition der Funktionalität der einzelnen Schnittstellen dar und sensibilisierten für die tiefergehende Vielfältigkeit der Interaktionen auf der Ebene der Materialität. Vor dem Hintergrund des Modells taktiler Ästhetik nach Schiphorst et al. spielten in den Beobachtungen insbesondere das sensorische *Mapping* und (eng damit verbunden) die Semantik der Zärtlichkeit eine große Rolle. Denn grundlegend für die Anwendung aller möglichen Interaktionen mit den getesteten Materialien war ihre entsprechende Verknüpfung mit dem gewählten Output des Lichtes. Auch sie wurden anhand der subjektiven Erfahrungen und Meinungen mit potenziellen Nutzern erarbeitet und schärften dabei den Blick für strukturelle Materialqualitäten. Dabei erhebt der durchgeführte Entwurfsprozess nicht den Anspruch, aus den gesammelten subjektiven Wahrnehmungen für die Zukunft universelle Richtlinien für die Gestaltung von Schnittstellen ableiten zu können. Doch er ist zumindest ein erster Schritt in eine Richtung, in der auch die materiellen Qualitäten auf eine neue, strukturiertere Art und Weise im Vordergrund der Konzeption von Interfaces stehen.

In dem gewählten Gestaltungsansatz, in dem der Entwurf ausgehend vom Material inspiriert wurde, war der gewählte Output des Lichtes zwar mit einer Formulierung der Bedeutung von haptischer Interaktion verknüpft, doch als Ausgabemedium beliebig austauschbar. In diesem Sinne stellt die Arbeit vielmehr ein Forschungsergebnis als einen Produktvorschlag dar, der stattdessen von einem konkreten Nutzungskontext ausgehen müsste. Der Prozess zeigte jedoch, wie zukünftig die Dimensionen der taktilen Ästhetik sowie der materiellen Mediation von Produkten in den Prozess und das Ergebnis kontextorientierten Entwerfens einbezogen werden können. Innerhalb eines durch den Nutzungskontext im Vorfeld festgelegten Rahmens würden sich so konkretere Materialien und Interaktionen anbieten, die ihrerseits den Entwurf inspirieren könnten. Ein weiterer, potenziell nächster Schritt in der Fortführung des Projektes wäre dessen Weiterentwicklung zu *Organic User Interfaces*. Eine entsprechende Symbiose von Ein- und Ausgabemedium wäre insbesondere im Hinblick auf intuitiv verknüpfbare Aktionen, wie eben Licht oder aber Musik, leicht denkbar. Die daraus resultierende Verkörperung der Funktion im Interface würde dem tieferen Einbeziehen der Nutzer in die Funktionsweise des Objektes ohne den Umweg über ein Interface entsprechen, wie sie Verbeek im Sinne der *engaging artifacts* vorschlug.

Die vier vorgeschlagenen Schnittstellen zeigten bereits ein Szenario auf, in dem unter Miteinbeziehung der Hände verstanden und erlernt werden musste. Doch dieser Prozess des Verstehens fordert Geduld, Zeit und Aufmerksamkeit des Menschen, Faktoren, die nach Borgmanns Definition die *focal things* ausmachen. Damit stehen die entwickelten Objekte dem Standard des einfachen Komfortspendens der *devices* gegenüber, der aktuell noch unsere durch unsere Technologien vermittelt wird. Auch die entworfenen

Schnittstellen dienen in erster Linie als Mittel zum Zweck, in dem Fall der Regulierung von Licht. Doch versuchen, sie dem Effizienzparadigma dabei eine neue Form der Sinnlichkeit entgegenzustellen: Durch das Involvieren des Nutzers stimmt dies auch mit Verbeeks Auffassung der Etablierung einer tieferen Bindung zwischen Nutzer und technologischem Artefakt überein. Dabei muss jedoch bedacht werden, dass die von Verbeek vorgeschlagenen und in die Produktentwürfe eingearbeiteten Qualitäten von *engaging artifacts* sich nicht vorbehaltlos für alle Zwecke im täglichen Leben eignen. Durch ihre fordernde Art nehmen sie Zeit in Anspruch und bringen in manchen Situationen möglicherweise mehr Frustration als Gefallen an der Interaktion als Selbstzweck hervor. Die Involvierung des Menschen in Funktionsweisen verlangsamt Prozesse und kann in einigen Kontexten eher als Last angesehen werden, die einen Rückschritt der Errungenschaften der Technologien bedeutet. Doch gerade dieser Prozess bewusster Interaktionen mit Technologien und das daraus resultierende Innehalten lässt sich im Sinne der materiellem Mediation auch gezielt für bestimmte Kontexte anwenden: Funktionen wie Licht oder Musik, also Aktionen, die von sich aus darauf abzielen können, den Alltag zu verlangsamen, ließen sich durch diese additive Sinnlichkeit der vorgeschlagenen Interaktionen bereichern.

Wie dargelegt wurde, lassen sich die im Rahmen der begreifbaren Interaktionen vorgestellten Ansätze nicht vorbehaltlos auf alle Nutzungskontexte übertragen. Ebenso wenig müssen die in unserem Alltag etablierten Technologien und Interaktionen mit diesen ersetzt werden. Gegenüber der Fähigkeit zur Loslösung des Digitalen hat stoffliche Materie ihre materiellen Grenzen. Doch die Ausführungen in dieser Publikation haben das Potenzial aufgezeigt, in der zukünftigen Entwurfspraxis körperliche Interaktionen und materielle Eigenschaften stärker in den Fokus zu setzen und somit zu einer neuen, enger an den Menschen angepassten Beziehung zu Technologie beizutragen. Wie auch in der Vergangenheit neue Technologien die Entwicklung entsprechend neuer Interaktionsformen angetrieben haben, so steigt auch mit dem rasanten technischen Fortschritt weiterhin das Potenzial zu neuen, facettenreicheren Entwurfszielen für Interaktionen, die je nach ihrer Anwendung bereichernd über das *usability paradigm* hinausführen können.

Anhang: Materialexperimente

Silikon als Material verfügt über zahlreiche Eigenschaften, die in einem Entwurfsprojekt mit einem Fokus auf haptische Wahrnehmungen reizvoll sind: Es ist elastisch und nachgiebig, verformbar, dabei reißfest, bruchsicher und nicht gesundheitsschädlich. Zudem ist Silikon zur Sicherung elektrischer Schaltkreise durch seine Wasserfestigkeit und isolierende Eigenschaft bestens geeignet. Doch gerade hier lag die Herausforderung in der aktiven Einbeziehung von Silikon in elektrische Schaltkreise. Leitfähiges Silikon existiert im industriellen Rahmen bereits als Material, ist aber industriellen Anwendungen vorbehalten und von Privatpersonen nur schwer und zu hohen Preisen käuflich zu erwerben.

Eine Versuchsreihe musste also die Herausforderung annehmen, leitfähiges Silikon selbst herzustellen. Dem zugrunde liegt der Gedanke, das isolierende Material durch Hinzufügen leitfähiger Partikel zu verändern, wie es auch in der Herstellung der *Conductive Ink*[240] geschieht. Neben der Gewinnung einer neuen Eigenschaft der flächendeckenden Leitfähigkeit wurde in den Experimenten auch großer Wert auf die Erhaltung aller Silikon bereits eigener Attribute gelegt. Zu den getesteten Kompositionen zählten Silikon, jeweils in Verbindung mit Graphitpulver, Kupferdraht, Metallfaser, *Conductive Ink* und schließlich Karbon-Faser.

Während die Versuche mit Graphit und *Conductive Ink* in den Test leider keinerlei Leitfähigkeit erzielten, zeigten sich erste Erfolge in der Komposition mit Kupferdraht. Im Silikon verteilt konnte sich Elektrizität entlang der sich berührenden Adern ausreichend ausbreiten. Jedoch verlor das Material dadurch zu einem mäßigen Grad seine Flexibilität, was es für die Anwendung in den Prototypen ebenfalls ungeeignet machte. Aufbauend auf dieser Erkenntnis wurde das Konzept vieler kleiner »Adern« mit dem wesentlich feineren Ausgangsmaterial der Metallfasern erprobt. Tatsächlich zeigte die Komposition bei guter Leitfähigkeit fast uneingeschränkte Flexibilität. Doch das neu entstandene Material konnte aufgrund seiner un-regelmäßigen Oberflächenbeschaffenheit nicht überzeugen. Zudem schlugen die Versuche, es in Formen zu gießen, fehl. Einerseits wurde der Prozess durch die zähe Beschaffenheit des Materials stark erschwert. Andererseits be-wegten sich während des Trocknungsprozesses die Fasern in der Komposition bedingt durch die Schwerkraft zum Boden der Form und führten somit nur noch zu einer örtlichen Leitfähigkeit.

240   Siehe auch https://www.bareconductive.com.

Als ein weiterhin feineres Material wurde der Versuch schließlich mit
Karbon-Faser durchgeführt. Die Komposition aus Silikon und Karbon-
Fasern erzielte die im Vergleich stärkste Leitfähigkeit – und erhielt gleich-
zeitig die Eigenschaften der Flexibilität, Oberflächenbeschaffenheit sowie
Gusseignung des Silikons. Somit konnte die Rezeptur für die Umsetzung der
Prototypen verwendet werden.

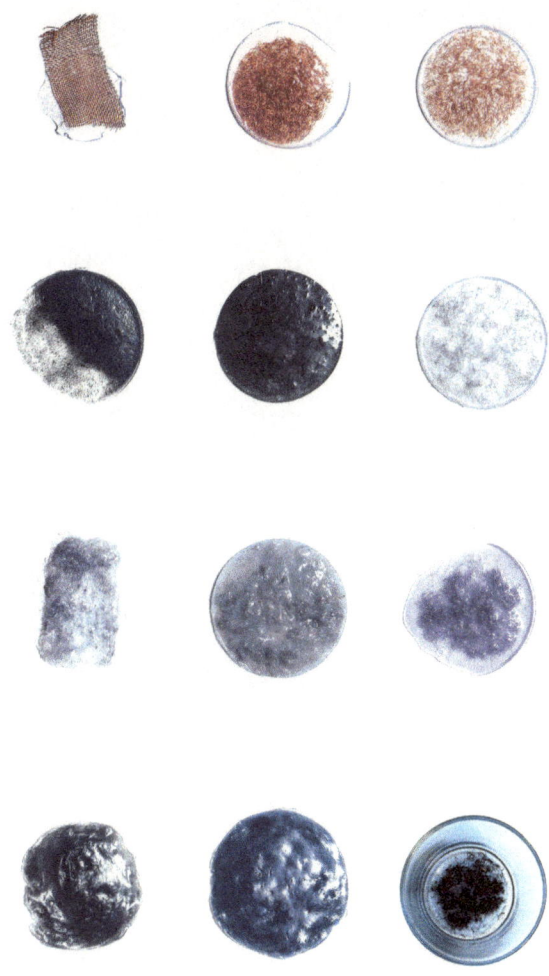

Abb. 71 Die Kompositionen aus Silikon gepaart mit
Conductive-Ink, Graphitpulver, Kupferdraht und Carbonfaser.

Andritzky, Michael: Haushalt. Staubsauger, Toaster, elektrische Heizgeräte. In: Das Jahrhundert des Design. Geschichte und Zukunft der Dinge. Frankfurt am Main: Anabas-Verlag 2000.

Arndt, Henrik: User Experience. In: Integrierte Informationsarchitektur. Die erfolgreiche Konzeption professioneller Websites. Berlin und Heidelberg: Springer-Verlag 2006, S. 63–88.

Barthelmeß, Ulrike und Ulrich Furbach: Körper und Geist. In: Ulrike Barthelmeß/Ulrich Furbach (Hrsg.): Künstliche Intelligenz aus ungewohnten Perspektiven: Ein Rundgang mit Bergson, Proust und Nabokov. Die blaue Stunde der Informatik. Wiesbaden: Springer Fachmedien Wiesbaden, 2019, S. 25–38.

Bilton, Nick: »Smart« Home Suffers a Brain Freeze. In: The New York Times, 14.01.2016.

Borgman, Albert: Technology and the Character of Contemporary Life: A Philosophical Inquiry. Chicago u. a.: University of Chicago Press 1984.

Borgmann, Albert. Holding On to Reality: The Nature of Information at the Turn of the Millennium. Chicago: University of Chicago Press 1999.

Bürdek, Bernhard E.: Design. Geschichte, Theorie und Praxis der Produktgestaltung. Basel: Birkhäuser Verlag 2005.

Bürdek, Bernhard E.: Über Sprache, Gegenstände und Design. In: formdiskurs, Nr. 3 (II 1997), S. 6–14.

Bürdek, Bernhard E.: Vom Mythos des Funktionalismus. Köln: Verlag der Buchhandlung Walther König 1997.

Clark, Andy: Being There: Putting Brain, Body, and World Together Again. Cambridge: MIT Press 1998.

Clark, Andy und Chalmers, David: The Extended Mind. In: Analysis 58, Nr. 1 (1998), S. 7–19.

Costandi, Moheb: Verkörperte Kognition. In: Hirnforschung. 50 Schlüsselideen. Berlin u. a.: Springer Spektrum 2015, S. 52–55.

Denzinger, Jochen: Der Interface-Komplex. In: form Design Magazine, Nr. 266 (2016), S. 48–55.

Döring, Tanja, Axel Sylvester und Albrecht Schmidt: Be-greifen »Beyond the Surface«. Eine Materialperspektive auf Tangible User Interfaces. In: Be-greifbare Interaktionen. Der allgegenwärtige Computer: Touchscreens, Wearables, Tangibles und Ubiquitous Computing. Bielefeld: transcript 2012, S. 115–134.

Fallman, Daniel: A Different Way of Seeing: Albert Borgmann's Philosophy of Technology and Human–Computer Interaction. In: AI and Society, Nr. 25 (2010), S. 53–60.

Fitzgerald, Brian R.: A Car Has More Lines of Code Than Vista. In: The Wall Street Journal (2014).

Gaver, Bill: Designing for Homo Ludens, Still. In: Binder T., Löwgren J., Malmborg L. (Hrsg.): (Re)Searching The Digital Bauhaus. Human-Computer Interaction Series. Springer, London 2009, S.163 – 178.

Gaver, William W.: Technology Affordances. In: Proceedings of the SIGCHI Conference on Human Factors in Computing Systems. New York: ACM 1991, S.79 – 84 .

Geelhaar, Jens: Zur Gestaltung be-greifbarer Mensch-Maschine-Schnittstellen. In: Be-greifbare Interaktionen. Der allgegenwärtige Computer: Touchscreens, Wearables, Tangibles und Ubiquitous Computing. Bielefeld: transcript 2012, S. 191–214.

Hara, Kenya: Designing Design. Zürich: Lars Müller Publishers 2015.

Hauke, Gernot: Embodiment. In: Strategisch behaviorale Therapie. Emotionale Überlebensstrategien – Werte – Embodiment. Berlin u. a.: Springer 2013, S. 107–24.

Hehl, Walter: Was ist Software? In: Walter Hehl: (Hrsg.): Wechselwirkung: Wie Prinzipien der Software die Philosophie verändern. Berlin u. a.: Springer 2016, S. 23–54.

Martin Heidegger: Sein und Zeit. Tübingen: Niemeyer 171993.

Herrlich, Marc, Benjamin Walther-Franks und Rainer Malaka: Daten zum Anfassen. Be-greifen mit interaktiven Bildschirmen. In: Be-greifbare Interaktionen. Der allgegenwärtige Computer: Touchscreens, Wearables, Tangibles und Ubiquitous Computing. Bielefeld: transcript 2012, S. 135–153.

Hill, Kashmir: How Target Figured Out A Teen Girl Was Pregnant Before Her Father Did. In: Forbes Tech (Blog), 16. Februar 2012. Unter: https://www.forbes.com/sites/kashmirhill/2012/02/16/how-target-figured-out-a-teen-girl-was-pregnant-before-her-father-did/#426ebcc86668.

Holman, David und Roel Vertegaal: Organic User Interfaces: Designing Computers in Any Way, Shape, or form. In: Commun. ACM, Nr. 51 (1. Juni 2008), S. 48–55. https://doi.org/10.1145/1349026.1349037.

Jörg, Sabine: Per Knopfdruck durch die Kindheit. Die Technik betrügt unsere Kinder. Weinheim und Berlin: Quadriga 1987.

Kern, Thorsten A.: Begriffserklärungen. In: Entwicklung haptischer Geräte. Ein Einstieg für Ingenieure. Berlin u. a.: Springer 2009, S. 23–38.

Kern, Thorsten: Einleitung. In: Entwicklung haptischer Geräte. Ein Einstieg für Ingenieure. Berlin u. a.: Springer 2009.

Kern, Thorsten: Motivation und Anwendungen haptischer Systeme. In: Entwicklung haptischer Geräte. Ein Einstieg für Ingenieure. Berlin u. a.: Springer 2009, S. 7–21.

Latour, Bruno: Die Hoffnung der Pandora: Unter-
suchungen zur Wirklichkeit der Wissenschaft.
Übersetzt von Gustav Roßler. Franfurt am
Main: Suhrkamp 62017.

Latour, Bruno: Technik ist stabilisierte Gesellschaft. In: David Andréa u. a. (Hrsg.):
Anthologie: ein einführendes Handbuch zur
Akteur-Netzwerk-Theorie. Bielefeld: Transcript 2006, S. 369–397.

Lübbecke, Henning: Tangible User Interfaces
und Accessibility. In: Be-greifbare Interaktionen. Der allgegenwärtige Computer:
Touchscreens, Wearables, Tangibles und
Ubiquitous Computing. Bielefeld: transcript
2012, S. 155–163.

McCullough, Malcolm: Abstracting Craft: The
Practiced Digital Hand. Cambridge: The MIT
Press 1997.

Meyer, René: Altair 8800 – Als die roten Lämpchen
sprachen. In: Faz.net, 5. März 2005. Unter:
https://www.faz.net/1.208345 (Zugriff 15.
August 2019).

MIT Media Lab: Vision Statement der Tangible
Media Group. Unter: https://tangible.media.
mit.edu/vision/ (Zugriff 10. September 2019).

Norman, Donald A.: Psychology of everyday
things. New York: Basic Books 1988.

Norman, Donald: The Design of Everyday Things.
Revised and expanded edition. New York:
Basic Books 2013.

Oviatt, Sharon und Coulston, Rachel und Tomko,
Stefanie und Xiao, Benfang und Lunsford,
Rebecca und Wesson, Richard & Carmichael, Lesley: Toward a theory of organized
multimodal integration patterns during
human-computer interaction. In: Proceedings of the 5th international conference on
Multimodal interfaces. New York: Association
for Computing Machinery 2003, S. 44-51.

Preim, Bernhard und Raimund Dachselt: Die
Interaktion mit Alltagsgeräten. In: Interaktive
Systeme (Band 1). Berlin u. a.: Springer 22010,
S. 135–163.

Preim, Bernhard und Raimund Dachselt: Historische Entwicklung. In: Interaktive Systeme
(Band 1). Berlin u. a.: Springer 2010, S. 163–198.

Preim, Bernhard und Raimund Dachselt: Kognitive
Grundlagen. In: Interaktive Systeme (Band 1).
Berlin u. a.: Springer 2010, S. 31–88.

Regenbogen, Arnim und Uwe Meyer: Wörterbuch
der philosophischen Begriffe. Hamburg: Felix
Meiner Verlag 2013.

Richardson, Adam: The Death of the Designer. 25
Jahre später. In: form Design Magazine, Nr.
274 (2017), S. 100–105.

Robben, Bernard: Die Bedeutung der Körperlichkeit für be-greifbare Interaktion mit dem
Computer. In: Be-greifbare Interaktionen. Der
allgegenwärtige Computer: Touchscreens,
Wearables, Tangibles und Ubiquitous Computing. Bielefeld: transcript 2012, S. 19–40.

Robben, Bernard und Heidi Schelhowe: Was heißt
be-greifbare Interaktion? In: Be-greifbare
Interaktionen. Der allgegenwärtige Computer: Touchscreens, Wearables, Tangibles und
Ubiquitous Computing. Bielefeld: transcript
2012, S. 7–18.

Schaade, Gudrun: Die Hände als wichtiges
»Sinnesorgan« Demenzkranker. In: Demenz.
Therapeutische Behandlungsansätze für alle
Stadien der Erkrankung. Heidelberg: Springer
2009, S. 59–65.

Schiphorst, Thecla, Nima Motamedi und Norman
Jaffe: Applying an Aesthetic Framework of
Touch for Table-Top Interactions, 2007. Unter:
https://doi.org/10.1109/TABLETOP.2007.20,
S. 71–74.

Selle, Gert: Alte und neue Dinge. In: Das Jahrhundert des Design. Geschichte und Zukunft
der Dinge. Frankfurt am Main: Anabas 2000,
S. 16 – 23.

Sparrow, J. Liu, und D. M. Wegner: Google Effects
on Memory: Cognitive Consequences of
Having Information at Our Fingertips. In:
Science, Nr. 333 (2011), S. 776–778.

Trogemann, Georg: Code und Material. In:
Exkursionen ins Undingliche. Wien: u. a.:
Springer 2010, S. 15–28.

Verbeek, Peter-Paul: Ambient Intelligence
und Persuasive Technology: The Blurring
Boundaries Between Human and Technology. In: Nanoethics. Nr.3 (5. November 2009),
S. 231–242.

Verbeek, Peter-Paul: What Things Do. Philosophi-
cal Reflections on Technology, Agency and
Design. University Park: The Pennsylvania
State University Press 22005.

Weber, Arne M.: Die körperliche Konstitution von
Kognition. Wiesbaden: J. B. Metzler 2017.

Weiser, Mark: The Computer for the 21st Century.
In: Scientific American, Nr. 265/Heft 3 (September 1991), S. 94–104.

Welsch, Wolfgang: Verschwinden der Gegenstände – Wiederkehr der Dinge? In: Das Jahrhundert des Design. Geschichte und Zukunft
der Dinge. Frankfurt am Main: Anabas 2000.
S. 24 – 29.

Abb. 01   https://www.historyworld.
co.uk/advert.php?id=617&off-
set=75&sort=1&l1=Household&l2=
(Zuletzt aufgerufen am 12.03.2021)

Abb. 02   https://commons.wikimedia.org/wiki/
File:Frankfurterkueche.jpg (Zuletzt
aufgerufen am 12.03.2021)

Abb. 03   Illustration nach Carelman, Jacques:
»Tandem Divergent« und »Tandem
Convergent«, Catalogue d'objets
introuvable. Paris: Balland 1969.

Abb. 04   https://upload.wikimedia.org/
wikipedia/commons/c/c8/MIC_
Torino-altair8800.png (Zuletzt aufgerufen am 12.03.2021, das Bild wurde von der
Autorin weiterbearbeitet)

Abb. 05   https://commons.wikimedia.org/wiki/
File:Xerox_Alto_I_(1973)_CPU_with_
monitor,_mouse,_keyboard_and_5-
key_chording_keyset_-_Computer_
History_Museum_(2007-11-10_23.16.17_
by_Carlo_Nardone).jpg (Zuletzt aufgerufen am 12.03.2021; das Bild wurde von
der Autorin weiterbearbeitet)

Abb. 06   https://commons.wikimedia.org/wiki/
File:Desktop_icons_for_Xerox_
Star_8010.jpg (Zuletzt aufgerufen am
12.03.2021)

Abb. 08   https://pixabay.com/de/pho-
tos/c-3po-robot-starwars-aktionfi-
gur-2697682/ (Zuletzt aufgerufen am
12.03.2021, das Bild wurde von der
Autorin weiterbearbeitet)

Abb. 09   Illustration nach einer Grafik aus Preim,
Bernhard und Raimund Dachselt:
Interaktive Systeme (Band 1). Berlin u. a.:
Springer 2010, S. 51.

Abb. 10   Illustration basierend auf dem Modell
der Produktfunktionen von Jochen
Gros aus Bürdek, Bernhard E.: Design.
Geschichte, Theorie und Praxis der Produktgestaltung. Basel: Birkhäuser Verlag
2005, S. 318.

Abb. 11   Illustration basierend auf dem Modell
der User Experience von Arndt, Hendrik:
Integrierte Informationsarchitektur. Die
erfolgreiche Konzeption professioneller
Websites. Berlin und Heidelberg:
Springer-Verlag 2006, S. 85.

Abb. 15   Illustration des »Heater« von Sven
Adolph (momentum): https://www.
momentum.ch/project-heater.html

Abb. 16   Illustration des Projektes »LineFORM«
von Ken Nakagaki, Sean Follmer und
Hiroshi Ishii (MIT Media Lab): https://tan-
gible.media.mit.edu/project/lineform/

Alle nicht aufgeführten Abbildungen sind
Eigentum der Autorin.

Zeitfracht Medien GmbH
Ferdinand-Jühlke-Straße 7
99095 Erfurt, Deutschland
produktsicherheit@kolibri360.de